De la lettre d'amour

GRAIN D'ORAGE

DU MÊME AUTEUR

entre autres ouvrages

Les Mots du corps, l'Esprit du Temps, 1992.
Les Mots du sexe, l'Esprit du Temps, 1993.
La Sexologie, PUF, 1994.
L'Éducation sexuelle, PUF, 1996.
Le Génie et la Folie, Plon, 1997.
Éloge de la masturbation, Zulma, 1997.
Les Médecins de l'amour, Zulma, 1998.

PHILIPPE BRENOT

De la lettre d'amour

ZULMA

Grain de beauté, de folie
Ou de pluie...
Grain d'orage – ou de serein –

Tristan Corbière

Avant-propos

Que fallait-il pour ébranler l'écrivain le plus reclus de la littérature contemporaine, celui qui fut traqué par un de ces chiens de garde qui ne lâchent jamais leur proie, le journaliste Ian Hamilton, dans son livre *l'Écriture et le reste*, *À la recherche de Jérôme David Salinger*, que fallait-il pour que l'auteur fétiche d'une génération, auteur de *l'Attrape-cœur*, que personne n'avait vu depuis plus de trente ans, montre ne serait-ce qu'un signe de vie ? Il fallait toucher au plus intime de son être, ses *lettres d'amour* que Joyce Maynard, une ancienne petite amie, a données en vente publique comme on livre une charogne à la meute affamée des lecteurs qui réclament des héros toujours plus morts que vifs. Et ces lettres ont réveillé le héros, car elles sont des torches brûlantes, toujours porteuses de secrets et d'intimité.

Qu'il y ait eu entre Salinger, alors âgé de cinquante-trois ans et Joyce M. âgée de seulement dix-huit ans, une aventure amoureuse, c'est indéniable, qu'elle ait quitté l'université pour aller vivre avec S. dans sa retraite du New Hampshire, c'est également connu, que leur liaison soit rapidement devenue invivable et que Salinger ait violemment renvoyé Joyce à ses études, c'est de notoriété publique depuis la parution de l'autobiographie de Joyce, *At Home in the World*, qui révélait les manies quotidiennes, l'incapacité sexuelle de l'écrivain et bien d'autres détails qui attentent à l'image du « mythe littéraire » dont Salinger avait fait l'œuvre de toute sa vie.

Le contenu des quatorze lettres reste évidemment secret, par respect du droit de divulgation, mais la réaction de Salinger, qui tentera de racheter ses lettres, permet de comprendre la vraie nature, charnelle, des correspondances intimes : la lettre d'amour est le corps de l'amant, elle est une part de l'être aimé et d'une certaine façon, elle est l'amant lui-même.

Toutes les grandes amoureuses l'ont dit à leur façon : « Pourquoi cette lettre pleine de tendresse, n'est-elle pas toi-même ? » interroge Sophie de Condorcet dans ses *Lettres sur la sympathie* : « Nelson, mon bien aimé, poursuit Simone de Beauvoir, (…) si vous ne pouvez vous introduire dans la boîte, envoyez-moi seulement d'autres lettres comme celle-là, je ne souhaite rien de plus ».

La lettre d'amour a l'encre pour sang et du papier en guise d'apparence corporelle, mais nul doute qu'elle est vivante, qu'elle respire, qu'elle aime. Elle n'a pas d'âge. Elle est à ce point hors du temps qu'elle survit à l'amour et survit à la mort. La lettre d'amour est un acte d'amour, elle est l'amour lui-même. En ce sens, elle impose le respect.

À qui appartiennent donc toutes ces *lettres* qui font rêver les amants, que recopient les naïfs, que brûlent les bigotes ou que détruisent les héritiers soucieux d'une image parentale ? Elles sont à ceux qui les écrivent, décide Victor Hugo ; à celui à qui elles sont destinées, proclame Mireille Sorgue, connue pour ses *Lettres à l'amant*, moment unique de la littérature amoureuse. Elles sont au fouineur qui les découvre, qui les tire de l'oubli dans les caches d'un meuble à secret ou les recoins oubliés d'un grenier. Elles sont au promeneur du dimanche qui chine des papiers à la brocante lorsqu'elles ont, par le hasard de l'amour ou l'influence de Vénus, échappé à l'autodafé familial.

Cette forme d'expression certainement la plus fréquente – qui n'a écrit des lettres d'amour ? – est en même temps la plus discrète, la plus cachée, la plus clandestine. Elle est une forme intimiste des écrits les plus personnels et reste pour cela porteuse de secrets voire de compromissions. Car l'amour passion est souvent le fruit d'une transgression, il est chargé d'interdits, il réveille les jalousies. Il naît à l'insu de ceux que l'amour a quittés, à l'insu des parents, des plus proches, au mépris du conjoint, il refait les alliances et renverse l'ordre établi. L'amour est toujours révolutionnaire. La lettre est son message secret.

La sociologie, peu connue, de la lettre d'amour, que nous avons ébauchée dans une enquête par questionnaires, nous révèle que très peu sont les hommes (4%) et les femmes (8,7%) à n'avoir jamais écrit de billet amoureux. La grande majorité a aimé, et a écrit des lettres d'amour, en moyenne à 3 hommes pour les femmes, à 4 femmes pour les hommes. Les hommes étant plus nombreux à en écrire et à davantage de correspondantes. Tous les ont ensuite précieusement conservées, le plus souvent dans un lieu secret connu d'eux seuls, car elles sont le témoin d'une époque qu'on ne veut jamais totalement oublier.

C'est la jalouse protection du domaine de l'intime par le destinataire ou ses héritiers qui a fait laisser si peu de traces à cette somptueuse littérature anonyme, comme des fossiles d'un autre temps que seules des conditions exceptionnelles ont permis qu'ils nous parviennent. Ces conditions sont bien connues en matière de littérature amoureuse : il faut tout d'abord que l'amoureux ait été écrivain ou célèbre, et que son destinataire ait eu de l'admiration pour lui. Enfin que les ayants droit aient compris la valeur littéraire de ces écrits intimes. Ce sont ensuite quelques éditeurs ou collectionneurs qui auront permis que ces témoins d'un moment d'exception nous parviennent intacts. En dehors des personnalités reconnues et de la valeur littéraire de leurs écrits, les lettres d'amour ne nous sont pas parvenues, car elles ne nous étaient pas destinées.

Les dernières volontés, post-scriptum, testaments, font souvent mention d'écrits qu'il est parfois demandé de détruire, parfois de conserver ou même de publier, ce qui met encore l'accent sur le caractère charnel, la nature vivante de la lettre d'amour qu'on ne peut détruire soi-même et qui nous accompagne au fil de l'existence et des lieux de la vie. Terrible destinée que celle des exécuteurs testamentaires qui découvrent à la mort du légataire ces témoins de l'amour qui sont à jamais des preuves de vie. Mais terribles révélations aussi quand les passions secrètes rencontrent l'amour inconsolable. Ainsi Jean d'Alembert, éperdument amoureux de Julie de Lespinasse et exécuteur de ses dernières volontés, découvrit dans ce moment de douleur l'amour de Julie pour le comte de Guibert.

Rien ne peut remplacer la lecture de cette somptueuse littérature des correspondances amoureuses, qu'elles soient fictives – comme l'œuvre de Guilleragues, signée de *la Religieuse portugaise* – qu'elles soient toujours vivantes – comme celles de Simone de Beauvoir à Nelson Algren, de George Sand à Musset ou de Musset à George Sand – que ce soient des brûlots comme les lettres de Sophie de Condorcet ou de Marie-Catherine Desjardins, qu'elles soient des lettres-romans désespérées, celles d'Edgar Poe à Sarah Whitman, des feuillets passionnés comme ceux de Mireille Sorgue à l'*Amant* et de Juliette à son cher « Toto », des missives cavalières comme les billets d'Henri IV à Gabrielle d'Estrées, ou les témoins de l'amour charnel de Voltaire pour sa nièce, les facéties de Stendhal envers Matilde ou Clémentine, ou les très sensibles lettres de Vigny à Augusta, le tout jeune amour de la fin de sa vie, ce livre n'aurait pas atteint son but s'il n'incitait à poursuivre la lecture par celle du fleuve immense de ces moments d'exception où les plus grands esprits sont aussi les plus simples, où l'amour transfigure l'écrit en littérature. Au point que ce livre a été écrit *comme une lettre d'amour.*

I

LA LETTRE D'AMOUR

Qu'est-ce que l'amour ? interroge Stendhal sans vraiment répondre. Il tentera bien de se donner à lui-même quelques recettes qui évitent le fiasco mais ne parviendra qu'à l'ébauche d'un système. *La lettre d'amour* dont il sera un artisan méthodique – refaisant sa copie, conservant ses brouillons – traduit toutes les époques stendhaliennes de l'aventure amoureuse : la cristallisation, la possession, la lassitude, la séparation et l'amitié amoureuse. Il y a en fait autant de lettres d'amour que de formes d'amour, de la tendresse à la passion, de l'amitié au désir le plus violent.

« Le véritable caractère des lettres d'amour doit être tendre et passionné, professe Madame de Sévigné. Et ce qu'il y a de galant, de spirituel et même d'enjoué dans ces sortes de lettres, doit pourtant toujours tenir de la passion et du respect. » Le XVIIIe siècle des salons, occupé des questions de l'amour, avait créé un genre littéraire et des ateliers d'écriture où transparaissaient presque des conventions. « Non, lui répond deux siècles plus tard Simone de Beauvoir, c'est idiot d'écrire des lettres d'amour, l'amour ne peut se dire par lettres, mais que faire quand cet affreux océan s'étend entre vous et l'homme que vous aimez ? » (*Simone à Nelson, 4 juin 1947*).

L'absence devient ainsi la condition première de la lettre d'amour, absence qui crée un vide et fait naître le désir, absence qui maintient la distance, absence nécessaire, absence douloureuse, absence-souffrance, solitude, désespoir. La lettre d'amour est le lieu de toutes les modalités de l'absence, car l'amour s'adresse à un manque et l'écrit en est le seul témoignage vivant.

UN GENRE LITTÉRAIRE

La correspondance amoureuse apparaît dès lors comme une tentative de dialogue au-delà de la distance, temporelle, spatiale, sociale ou morale, qui sépare les deux amants, comme un « mono-logue-dialogue virtuel », selon le terme de Suzan Lee Carrel dans son analyse de la littérature épistolaire féminine. Il s'agit en quelque sorte d'une conversation ralentie à l'extrême et contingente à toutes sortes de contraintes extérieures. La lettre est l'emblème de la solitude de celui qui l'écrit, elle est également la forme première de la littérature par les conditions qui s'imposent à elle : le silence et le recueillement, souvent la nuit, un certain repli sur soi que l'on peut qualifier d'introspection, un destinataire unique, un sentiment exacerbé qui ne demande qu'à s'exprimer, une unité de lieu – le lit, la chambre –, de temps – le temps de l'amour –, enfin souvent une forme courte qui favorise l'intensité du moment.

La préhistoire du genre commence avec l'invention de l'écrit et cette certitude – inverse en amour – que les paroles passent lorsque les écrits restent. L'Antiquité nous a laissé quelques billets tendres, amour cunéiforme, graffiti passionnés, mais déjà l'amorce d'un genre épistolaire avec des lettres uniques à l'aimée puis de petits duos de missives et de leurs réponses chez Ovide qui met en scène, dans les *Héroïdes*, les célèbres lettres de Pénélope à Ulysse ou d'Hélène à Pâris. Mais il s'agit déjà d'une littérature de fiction.

Au Moyen Âge où apparaît le poème d'amour dédié à l'homme de cœur et à la femme aimée, les hommes et les femmes se sont bien évidemment écrit, mais les formes spontanées de la lettre d'amour ne nous sont en général pas parvenues sinon du fait de la notoriété des amants, comme les classiques lettres d'Héloïse et d'Abélard, premier grand témoignage, encore en latin, de cette correspondance de l'intime.

Le XVIIe puis le XVIIIe siècles vont réellement libérer la forme épistolaire et susciter des vocations intimistes qui contribueront à la naissance du genre romanesque. On peut avec prudence suggérer une possible filiation entre la lettre clandestine, la lettre mondaine, la lettre publiée, le journal intime, puis le journal destiné à un lecteur, le roman par lettres, le roman avec lettres, et le roman intimiste. Des parentés fortes existent à l'évidence entre certaines de ces formes littéraires qui alternent ou se succèdent dans une vie vouée à l'écriture.

La mode éditoriale des lettres d'amour qui suscitera tant de vocations, débute en France par la publication en 1642 du *Nouveau recueil de lettres de dames*, reprenant des lettres d'Héloïse ou d'Isabella Andreani. Elle se poursuit avec les premiers *billets* de Madame de Choisy en 1658, puis les *Lettres et billets galants* de Marie-Catherine Desjardins à Villedieu en 1668, les *Lettres de respect, d'obligation et d'amour* de Boursault en 1669 et les *Lettres portugaises*, la même année.

Certains recueils sont factices comme les *Lettres à Babet* d'Edme Boursault, brillant esprit mondain et journaliste satirique qui écrira contre

Molière et Racine. Il prétendra toujours que ses *Lettres à Babet* sont une correspondance authentique, mais l'analyse critique y voit plutôt une œuvre littéraire bien construite en accord avec le style des salons galants qui cultivaient la mode d'écrire des lettres d'amour.

Les *Lettres portugaises* sont de toute autre valeur, reconnues comme un chef-d'œuvre de la littérature de langue française, elles ont longtemps été considérées comme celles d'une religieuse portugaise, Mariana Alcoforado, puis aujourd'hui attribuées avec certitude à Gabriel de Lavergne, vicomte de Guilleragues, qui était alors secrétaire du cabinet du roi, ce qui peut justifier cet anonymat. Ces lettres d'une grande intensité passionnelle sont, elles aussi, une création littéraire.

Avec les *Billets galants* de Marie-Catherine Desjardins, nous pénétrons réellement le domaine de l'intime par la publication, pour la première fois, d'une authentique correspondance amoureuse entre Marie-Catherine et Antoine de Villedieu, l'amour de sa vie, cassant sa promesse de mariage et vendant les lettres de sa fiancée à l'éditeur Barbin qui les publiera contre sa volonté. Marie-Catherine Desjardins était alors une femme de lettres connue, écrivain célèbre, cette publication eut un retentissement considérable.

Malgré tout, la publication des correspondances amoureuses se poursuit, le plus souvent de manière posthume, mais parfois du vivant des amants, comme George Sand qui disait à Musset son désir de publier la lettre qu'elle lui adressait, comme Madame Récamier consciente que serait publiquement connue sa correspondance avec Benjamin Constant, ou Simone de Beauvoir acceptant que soit un jour publié son *Amour transatlantique*.

Le roman épistolaire fut une étape de l'évolution romanesque qui trouva son apogée avec des œuvres comme *la Nouvelle Héloïse* de Jean-Jacques Rousseau ou *les Liaisons dangereuses* de Choderlos de Laclos. Stendhal aura recours au procédé de la lettre d'amour dans le dénouement d'*Armance*, son premier roman en 1827, et dans *le Rouge et le Noir* sous la plume de Julien Sorel, lettres à la maréchale puis à Mathilde. C'était enfin le souhait de Nerval pour *Aurélia* d'insérer des lettres dans le texte, lettres qu'il avait destinées à Jenny Colon, dont il avait réservé l'emplacement, mais que les éditions posthumes ne retinrent pas. Cette correspondance commence en 1837 et, dès 1842, il ébauche le projet d'un roman par lettres qu'il ne réalisera pas. La littérature familière rejoint ici la littérature de fiction.

Au XIXe siècle apparaît le modèle du journal intime, obligation morale pour jeunes filles bourgeoises, puis nécessité intimiste. Quelques prémices existent au XVIIIe avec le journal de Lucile Desmoulins ou de Germaine de Staël. Ma conviction est que le journal intime présente de grandes similitudes avec la lettre d'amour, il commence à la même époque de la vie, adolescence et jeunesse adulte, il assure les mêmes fonctions de protection des secrets intimes, d'expression des sentiments, de formulation de l'absence mais aussi de l'expression du désir, car il est un lieu de parole et le lieu de l'amour.

Signe de parenté, on peut remarquer une fréquente alternance entre la lettre et le journal, quand l'un s'arrête l'autre se poursuit. C'est l'exemple, au XIXe siècle, de Fortunée qui, à vingt ans, s'enfuit à Paris, prend un amant et commence un nouveau journal. Dans sa très belle étude sur le journal des jeunes filles, Philippe Lejeune nous précise que ce journal intime « remplace les lettres qu'elle ne peut plus écrire à son amant ni à sa famille ». Autre exemple de Philippe Lejeune, à l'hiver 1863, le journal de Claire Pic se tait pour laisser la place à une importante correspondance qui s'effacera au printemps et permettra la reprise du journal (*op. cit.*). Cette alternance entre la lettre et le journal apparaît comme un signe d'équivalence. C'est encore Franz Liszt, en octobre 1839, qui, dans une de ses dernières lettres à Marie d'Agoult, lui fait ses adieux et lui dit qu'il ne lui écrira plus, précisant : « Je ne veux plus ni vous parler, ni vous voir, encore moins vous écrire » et il ajoute comme un corrolaire : « Dès demain je commencerai le journal, je le ferai aussi détaillé que possible. »

« Le » journal, comme l'appelle Liszt, est un miroir de la vie, il ressemble à une longue lettre qui ne serait pas destinée à être envoyée, à l'image de la constatation, certainement très juste, du psychanalyste anglais Darian Leader, que bien des lettres de femmes ne sont pas expédiées ni même destinées à l'être. Elles remplissent une autre fonction : avoir été pensées, avoir été écrites suffit. Et la plupart des journaux intimes sont écrits par des femmes. Dans notre étude, 59% des femmes ont tenu un journal intime contre seulement 24% des hommes.

Il nous faut enfin relativiser ces expressions de l'amour. Si les lettres des hommes et les attitudes masculines dans le style et le contenu de la lettre d'amour, paraissent plus constantes selon les milieux ou selon les époques, certainement en lien avec leur position sociale dominante, celles des femmes semblent évoluer en fonction de leur degré de liberté dans la société. Dans son analyse de *Huit siècles d'écrits féminins*, Évelyne Sullerot observe cette évolution qui lui semble à chaque époque relever de « contre-images des types féminins amoureux définis par les hommes ». Elle découvre ainsi au Moyen Âge, non la Dame idéale mais une « femme dominatrice et charnelle » ; à la Renaissance, non une licencieuse mais une femme passionnée et romantique avant l'heure ; au XVIIᵉ siècle une libertine baroque et magicienne ; au XVIIIᵉ, une passionnée romantique ; et aux XIXᵉ et XXᵉ siècles une plus grande variété d'attitudes, dominatrices, indépendantes, révolutionnaires, passionnées, charnelles…

Les nombreux exemples que je proposerai pour comprendre la nature et la fonction des lettres d'amour sont tirés de la lecture des grandes correspondances amoureuses, ces milliers de lettres de femmes et d'hommes, qui nous sont parvenues grâce à leur publication ou leur conservation dans les archives, bibliothèques ou chez des collectionneurs. Je ferai cette lecture au regard de mon expérience clinique des hommes et des femmes que j'accompagne en thérapies de couple. Mon propos ne concernera que les correspondances réelles, celles qui ont été envoyées, à l'exclusion des œuvres de fiction ou même dont on peut douter de l'authenticité. On ne s'intéressera pas aux amours homosexuelles, non par ostracisme, mais parce que le but essentiel de ce travail est de comprendre, à travers la lettre d'amour, la pensée des hommes et la pensée des femmes dans leur nature complémentaire. Pour faciliter la lecture et alléger les références nécessaires*, j'ai choisi de ne mentionner dans ce texte que le prénom des amants suivi de la date de la correspondance, ce qui nous introduit davantage dans leur intimité et peut constituer un jeu littéraire – qui sont donc *Alfred et Augusta* ou *Julie et Benjamin ?* –, dont la solution est en dernières pages de ce livre.

LE TEMPS DES AMOURS

Dans ce temps des amours, les jeunes filles tiennent plus de journaux intimes que les hommes qui, eux, écrivent et postent davantage de lettres.

Cette rapide caractériologie – caricature pour les uns, fait d'observation pour les autres – est nécessaire à la compréhension du sentiment amoureux et des différences qui animent les hommes et les femmes dans leur expression de l'amour. Il ne s'agit pas de renforcer des stéréotypes a priori mais de confirmer et d'illustrer à travers l'océan de la littérature amoureuse, des hypothèses connues de longue date, des idées plus récentes proposées par

---

* Quelques abréviations seront utilisées en référence des correspondances : *LA*: lettre autographe ; *LAS*: lettre autographe signée ; *CPA*: carte postale autographe ; *sl*: sans lieu ; *slnd*: sans lieu ni date ; *Rachel à X*: lettre de Rachel à un inconnu.

quelques « analystes de l'amour » et les données, somme toute fort simples, de notre enquête d'orientation sur la lettre d'amour.

Les hypothèses de longue date sont des notions reçues et des idées fausses qui peuvent apparaître comme défensives car elles renforcent une vision conformiste de la société, protégeant l'édifice conjugal que l'amour libre met en péril : c'est l'idée que les lettres d'amour sont surtout écrites par les femmes et qu'elles seraient le seul apanage de l'âge tendre, du temps des amours, du printemps de la vie. Notre étude est très claire : les hommes écrivent plus et à plus de correspondantes ; hommes et femmes écrivent des lettres d'amour à tous les âges de la vie, de l'adolescence à l'âge mûr, parfois plus tard encore.

Autre opinion « classique », celle des « anthologistes », qui se limitent souvent à la compilation admirative d'un choix personnel, donc arbitraire. C'est l'opinion terne de Georges Pillement, en 1956, qui se borne à constater qu'il y a autant de façons d'aimer qu'il y a d'êtres au monde, et d'ajouter : « Il y a des êtres qui sont faits pour l'amour beaucoup plus que d'autres » !

Ces lieux communs n'ont pour fonction que de détourner l'attention des véritables questions sur la nature de la lettre amoureuse. Ce sont donc les sociologues, les psychologues et les psychanalystes qui ont aujourd'hui permis de renouveler notre lecture des écrits amoureux en tentant de dégager des problématiques, sinon des systématiques, et au premier rang celle de la différence des sexes.

La meilleure et première analyse en revient certainement à Évelyne Sullerot qui découvre quelques constantes des écrits féminins pour mieux les distinguer de ceux des hommes.

À l'antithèse du désir-masculin-viol-de-la-personne, la pensée féminine révèle à l'homme les subtilités psychologiques de la vie amoureuse. Toujours selon Sullerot, les écrits amoureux féminins semblent caractérisés par des problématiques spécifiques. On y découvre le mythe consolateur des précieuses et romantiques : la magie de l'amour permet de guérir l'homme de sa bestialité ; on y trouve l'expression dominante des sentiments et la recherche de l'authenticité qui anime la vie des grandes amoureuses ; on y retrouve la passion « dans tous les sens du terme : souffrir, supporter, attendre, appartenir » ; et l'abandon douloureux « ce total malheur qui dépossède pleinement », à l'origine du plus grand nombre d'écrits féminins sur l'amour ; deux fines observations soulignent enfin les particularités identitaires des deux sexes : la femme apparaît plurielle et l'homme singulier, « les femmes, physiquement, *s'aiment collective-*

ment comme femmes (…) elles parlent au pluriel même quand elles aiment un homme au singulier, pour se délecter et se pleurer d'être femme » : enfin le corps de l'homme est absent des écrits féminins centrés sur celui de la femme, car il est une évidence des écrits féminins qui domine toutes les autres : l'amour de l'amour, « je n'aime que pour le plaisir d'aimer ».

Quelques psychanalystes ont affiné ces observations. Kate Millett, connue pour ses prises de positions féministes, souligne par exemple dans la littérature anglo-saxonne, le narcissisme dominateur de l'écrivain-homme à mesurer le monde par son sexe. Ses écrits sont souvent autocentrés et dominés par l'expression du désir. Mais c'est surtout la très intéressante réflexion de Darian Leader, *Why do women write more letters than they post ?*, qui analyse les fantasmes des deux sexes, leurs attitudes dans les lettres d'amour et propose quelques différences : les femmes écriraient plus de lettres qu'elles n'en postent ; les hommes auraient plutôt tendance à classer les lettres dans leurs dossiers, tandis que les femmes les glisseraient souvent parmi leurs vêtements ; hommes et femmes auraient une façon bien différente de formuler l'absence ; le corps de l'homme serait absent des écrits féminins qui expriment davantage les émotions, les passions, la nature de la relation amoureuse ; l'homme, quant à lui, semble plutôt attentif aux détails : la couleur des yeux, le timbre de la voix, un vêtement... ; la lettre d'amour serait à la fois un message et un objet, plutôt message pour les hommes, plutôt objet pour les femmes ; la lettre d'une femme n'a pas besoin d'être postée, ni lue, ni expédiée, car la femme peut se mettre à la place de la lettre. Et cela peut suffire.

QU'EST-CE QU'UNE LETTRE D'AMOUR ?

Qu'elle soit unique ou multitude, la lettre d'amour est le témoignage d'un moment d'exception entre deux êtres qui partagent un sentiment, malgré, ou avec, ceux qui les entourent. Même après des siècles, les lettres d'amour conservent intacte cette magie de la transfiguration de la langue par les inventions littéraires que permet la passion, et par mille détails que contiennent ces billets hors du temps.

De la lettre unique adressée à l'amant(e) d'un seul jour, et même non postée, aux dix-huit mille lettres de Juliette Drouet à Victor Hugo, il n'y a qu'une différence de forme, l'amour est le même, juvénile, puissant, transfigurant. Le courrier amoureux en est le suc nécessaire. Pour qu'il y ait une vie il faut qu'un liquide s'écoule, disait

Lautréamont, du sang, de la sueur, des larmes... ici c'est de l'encre. Le flux continu de la lettre d'amour en témoigne, qui ne doit pas être interrompu ou perverti : « Mon adoré Alfred, sais-tu que je perds tout à fait la tête quand je ne reçois pas de tes lettres ? », avoue Marie Dorval à Alfred de Vigny le 8 juillet 1836. Vigny confirmera ce besoin du lien épistolaire, deux ans plus tard et alors que leur liaison se terminait, par ce reproche à sa maîtresse d'avoir fait écrire quelques lignes par une autre : «... il me faut ton écriture, il me faut la trace de ton bras sur le papier, et tous les jours de ma vie, tous les jours ton écriture, et elle seule... » (*Alfred à Marie, 4 juillet 1838*).

La lettre d'amour est un gage de fidélité mais aussi un puissant charme contre l'absence, la distance, le temps : « Écrivez-moi très souvent, mon ami, mon amant, mon bien aimé » supplie Simone de Beauvoir (*Simone à Nelson, 21 mai 1947*). Il n'y a pas meilleure thérapeutique de vie que la régularité du courrier, puissante métaphore qui entretient le sentiment d'être aimé : « Mon Adèle bien aimée (...) si tu savais quel bien me font tes lettres, quel courage elles me donnent, tu passerais à m'écrire, tous les moments que nous ne passons pas ensemble » (*Victor à Adèle, 5 juin 1822*).

Le désespoir envahit l'être aimé lorsque le fleuve littéraire s'interrompt : « Ah réponds-moi, réponds-moi, je t'en supplie car je meurs » (*Léontine à Anatole, 7 août 1888*). Le courant épistolaire paraît alors semblable à une source que rien ne peut tarir au point de réveiller des fantasmes de démesure. Dans ses très belles *Lettres à l'amant*, Mireille Sorgue s'émerveille de ce perpétuel recommencement du mystère amoureux : « Cent lettres, dis-tu, mon amour ? Et nous n'en sommes qu'au commencement ! (…) C'est bien peu et nous n'avons rien dit encore. À peine si nous nous rencontrons. Nous nous rencontrerons indéfiniment. »

Chargée de moins de passion mais non moins d'amour, la très surprenante correspondance de la comtesse de Genlis, alors âgée de soixante-dix-neuf ans, et du jeune comte Anatole de Montesquiou, de seulement trente-neuf ans, confirme cette nécessité du lien épistolaire : « J'espère, écrit-elle à Anatole le 28 novembre 1825, que vous me connaîtrez mieux dans douze mois quand vous aurez reçu de moi trois cent soixante-cinq lettres dans lesquelles je me montre assurément sans art et telle que je suis… » Ils avaient fait, dès leur rencontre, serment de s'écrire tous les jours « des folies et des bêtises ».

S'écrire tous les jours est l'un des premiers fantasmes amoureux, celui de la présence de l'absent, qui trouve parfois réalité mais reste souvent « une promesse en l'air », diront les femmes, « un idéal amoureux », penseront les hommes. « Je voudrais ne t'envoyer que de douces paroles et de tendres mots, répète sans cesse Flaubert à Louise Colet. Si je pouvais, chaque matin ton réveil serait parfumé par une page embaumée d'amour » (*28 août 1846*). La formule est tendre, elle est attentionnée, elle vient à la rencontre de la femme aimée au moment où elle est encore dans ses rêves. Dans cette promesse qui date du début de leur liaison, on sent cependant, que le conditionnel laisse entendre des facteurs extérieurs à sa volonté qui ne rendront pas cette condition possible. Le rêve peut s'arrêter à peine commencé.

C'est encore Marie Dorval qui, maintenant – on est en septembre 1836 –, supplie Vigny de ne rien changer de ses bonnes habitudes : « Te voilà revenu (...) Ah j'ai bien souffert (...) moi qui tous les jours avais une lettre de toi ! Rester quinze jours, vingt jours sans en avoir. »

La première fonction de la lettre est certainement de conjurer l'absence. Deux grands exemples d'une correspondance intarissable viennent à notre esprit : Juliette qui écrivit matin et soir pendant plus de cinquante ans sa passion pour Victor, et plus près de nous, de façon assez touchante, les mille cinq cents lettres enflammées, et sulfureuses, qu'Henry Miller, alors très âgé, écrivit à Brenda Venus, deux à trois fois par jour.

Permanence de l'écrit, permanence de l'amour, présence virtuelle de l'être aimé.

Le support de la lettre est de papier mais sa qualité, son toucher, la sensualité qui peut lui être attachée, l'attention portée à son choix, à son pliage, à son contenu physique, aux objets qui peuvent lui être confiés, ou les impressions particulières qui l'enluminent, tous ces détails sont autant de gestes d'amour qui accompagnent l'écrit. La « page embaumée d'amour » de Flaubert peut être rapprochée des lettres « chargées d'émotion » que Delphine de Custine adressait à son « génie » infidèle, Chateaubriand. Au XXe siècle, la lettre d'amour prit un caractère précieux avec l'utilisation de papiers plus recherchés, belle trame, grain fin, filigrané, enluminé, coloré, enveloppes damassées, timbres d'amour... L'amour est alors bleu, jaune, myosotis, par la couleur du papier ou celle des sentiments, la passion se joue des métaphores : « Nelson, mon amour, j'écris sur cet éclatant papier bleu parce que mon cœur déborde d'un éclatant espoir bleu, il va nous arriver quelque chose d'heureux... » (*28 juillet 1947*). « Plus de feuilles blanches... Je t'écris donc ce soir sur ce papier myosotis, tendre comme l'heure ambiguë qui hésite au seuil de ma chambre » (*Mireille à l'Amant, 21 mai 1963*).

La lettre d'amour prend progressivement corps, elle se personnifie, enveloppe de chair, réceptacle du plus intime de soi. Sa nature charnelle trouve une évidente confirmation dans les reliques qui lui sont attachées. À l'origine, c'étaient de petits tableaux, portraits vivants qui permettaient de se représenter l'être aimé puis, plus près de nous, la photographie qui renforce le sentiment de la présence : « Je vous envoie mon médaillon en bronze pour fixer mieux votre souvenir », plaide Nerval dans la dixième des lettres à Jenny Colon qu'il avait choisi de faire figurer dans *Aurélia*. « Il y a bien longtemps que j'aurais voulu vous demander votre portrait, confie Balzac à Eve Hanska en septembre 1833. Je ne le veux qu'après vous avoir vue. » Eve et Honoré entretiendront une correspondance pendant près de dix ans avant leur première rencontre. « Bien aimé, ajoute encore Simone de Beauvoir, une grosse lettre jaune avec de petites photos est arrivée, comme je l'aime ! » *(24 juin 1947)*. « Chère Brenda d'Amour », écrit Henry Miller à Brenda Venus, le 16 juin 1976, alors qu'ils correspondent depuis un mois mais ne se sont pas encore rencontrés, « (...) j'ai lu vos deux lettres, j'ai regardé cent fois vos photos, et maintenant, je ne peux plus travailler, je ne peux que rêvasser ».

La lettre est porteuse de symboles, de traditions comme les fleurs séchées cueillies par une main amie et substitut corporel à part entière : « Garde cette violette contre ton cœur jusqu'à ce que le mien y soit », crie Sophie de Condorcet à Maillia Garat, l'amour de sa vie. « Cette rose a fleuri dans le jardin de mon bien-aimé, Hauteville House, la nuit du lundi au mardi, 16 et 17 février 1863, trentième anniversaire », note Juliette avec émotion en se souvenant de sa première nuit d'amour avec Victor. C'est encore Louise qui envoie une fleur d'oranger à Gustave et Simone qui poste « de petites fleurs de France » pour Nelson. La fleur est comme une part de soi facilement détachable du corps dont elle fait partie.

Les cheveux ont la même vertu impérissable, ils figurent la présence de l'être aimé : « Voici, mon Mail, de mes cheveux... », écrit Sophie de Condorcet. « Aujourd'hui, ma fleur du ciel, je vous envoie une mèche de mes cheveux », insiste Balzac qu'Eve n'a toujours pas rencontré, « ils sont noirs, mais je me suis dépêché pour narguer le temps ». Je les laisse pousser, lui dit-il, « pour que vous en eûssiez des chaînes et des bracelets ! » (*9 septembre 1833*). Les cheveux sont une part de soi toujours renouvelée : « Calme-toi, mon cher petit Ange, souffle Vigny à Augusta, (...) je vais donner à Antony des enveloppes pour tes chères petites lettres et des cheveux que j'ai bien mis longtemps sur mon cœur et mes lèvres. » Le caractère mortifère de la relique corporelle n'atteint pas les amants que la vie brûle trop pour y voir un signe de la mort.

CORRESPONDANCE DU MOMENT

La première condition de la lettre d'amour est son rapport au temps, son inscription dans l'instant telle que toute durée est abolie, dans une sorte de présent permanent. On en trouve la marque dans la fréquente absence de date des billets amoureux et dans les artifices destinés à prolonger le temps de l'amour. Sur les cent quarante-deux lettres de Voltaire à Marie-Louise Denis, sa nièce, trois seulement sont datées, vingt-trois le sont partiellement, d'un mois ou d'une date, les autres ne portent aucune indication, sinon parfois le jour : *ce lundi.*

La lettre est attendue, l'absence de repère temporel est simplement une façon de rapprocher le moment de l'envoi de celui de la réception, comme s'il était écrit : « *à tout de suite* ». Mireille Sorgue, qui ne datait aucune de ses lettres, ne laissait que l'indication du jour de la semaine et parfois du moment de l'écrit : « *Dimanche, nuit.* » Cela renseigne sur la date de péremption de la lettre d'amour : celle de sa réception, c'est-à-dire quelques heures ou quelques jours plus tard, et moins d'une semaine. Ces lettres n'ont valeur que dans l'instant où elles s'écrivent et dans celui où elles sont lues, comme un témoignage de la présence de l'autre, qui affirme que cet instant est le même.

L'utilisation du présent renforce encore le caractère atemporel de la lettre d'amour : « Je vous sens avec moi, écrit Simone à Nelson, (...) vous me prenez dans vos bras, je me serre contre vous, je vous embrasse comme je vous embrassais » (*Simone à Nelson, 17 mai 1947*). La lettre conserve l'actualité brûlante d'un billet laissé pour qu'il soit découvert : « Merci amour, merci. Excuse l'improvisé de l'improvisation. Je fuis. À toi, à toi » (*billet de Paul Valéry*). Le temps est suspendu, le moment de l'amour se poursuit à l'infini.

À les lire aujourd'hui, ces mots ramènent le moment amoureux à la vie. Le propre de la lettre d'amour est d'actualiser les propos comme pour rendre éternel l'instant de la passion, c'est-à-dire d'abolir la mort et de conjurer l'idée de la rupture. C'est certainement la très forte inscription de la lettre amoureuse dans le temps et son rapport à l'instant qui incite les femmes à ne pas envoyer une lettre qui leur semble obsolète car liée à un moment déjà dépassé. « Il est certain, confirme Darian Leader, que bien des lettres ne sont pas expédiées (...). Une femme écrit une lettre à l'homme qu'elle aime. Elle la garde sur elle pendant plusieurs semaines, et chaque fois qu'elle y réfléchit, elle décide de la réécrire. Tant de choses se sont passées depuis, sa vie a tellement changé ! » « J'ai failli vous écrire, Ami, cette nuit », confirme Mireille Sorgue qui poursuit, quelques jours plus tard : « Pardonnez-moi si je ne vous envoie pas celles écrites mardi, mercredi... » La lettre reste ainsi inachevée et n'a alors plus de raison d'être envoyée. Elle ne valait que pour l'instant et l'instant est passé.

Ce rapport au temps semble différent pour les hommes, qui conjurent peut-être mieux « l'in-achevable » en expédiant les lettres qu'ils écrivent, et pour ne pas être trop confrontés à la symbolique de la castration. Les hommes et les femmes se déterminent différemment par rapport au manque. Les femmes, qui l'ont naturellement accepté, s'en nourrissent et y puisent l'énergie du désir. Les hommes s'en défendent en ne laissant aucun courrier sans réponse.

Aujourd'hui l'amour s'écrit, se faxe, s'électro-nise chaque jour davantage semble-t-il, à la mesure de l'imaginaire des humains qui leur fait inventer de nouveaux moyens d'abolir la distance, comme pour atténuer l'absence. Avec ces nouvelles techniques, la lettre d'amour approche encore plus le fantasme de la présence par l'immédiateté du message. Mais une lettre, fût-elle électronique, sera toujours une lettre, c'est-à-dire que le moment où elle est pensée, où elle est écrite, est autre que celui où elle est envoyée, différent encore de celui où elle est reçue et de celui où elle est lue. C'est cette inscription dans le temps, et tentative d'abolition de la durée, qui est la nature profonde de la lettre d'amour, nécessaire à l'alchimie intérieure des sentiments qui transforme l'absence en désir.

CORRESPONDANCE DU SECRET

L'amour passion est un amour secret, il est le secret de l'intimité des amants. Et dans cet espace de l'intime se jouent tous les mouvements pulsionnels, de régression et de transgression. Le secret a pour fonction de préserver le premier et de permettre le second. La lettre d'amour est ainsi clandestine, elle s'écrit dans l'ombre, dans le silence, dans le mystère de la retraite personnelle. Elle s'écrit le soir, la nuit, au matin dans le lit, la chambre, un endroit retiré. Elle utilise des codes, langages, pseudonymes, faux noms, elle est parfois anonyme. Elle est conservée dans un endroit caché de tous, dans un secrétaire, ce mot de l'amour qui a d'abord désigné au masculin, et uniquement au masculin, le confident, l'ami capable de garder un secret puis, au XVIIIe siècle, un meuble sur lequel on écrit mais qui peut aussi contenir des mystères. Ce sera la mode des meubles à secret, tiroirs dissimulés pour protéger quelques papiers.

La lettre d'amour rejoint ici le journal intime, beau livre à serrure, dont elle est souvent une transition ou un aboutissement. Dans *le Manuscrit de ma mère*, Lamartine rappelle le rituel nocturne du journal quotidien qui est une source de la littérature, comme la lettre d'amour, car il souscrit aux mêmes exigences de calme, de secret, de retrait du monde et d'intériorité : « Quand tout le monde était couché dans sa maison, que ses enfants dormaient dans leurs petits lits (...), elle ouvrait doucement la porte d'un cabinet rempli de livres d'éducation, de dévotion, d'histoire ; elle s'asseyait devant un petit bureau de bois de rose incrusté d'ivoire et de nacre (...), elle tirait d'un tiroir de petits cahiers reliés en carton gris comme des livres de compte. Elle écrivait sur ces feuilles sans relever la tête, et sans que la plume se suspendît une seule fois sur le papier pour attendre la chute du mot à sa place. C'était l'histoire domestique de la journée, les annales de l'heure, le souvenir fugitif des choses et des impressions, saisi au vol et arrêté dans sa course, avant que la nuit l'eût fait envoler (...). Or tu sais comme les habitudes sont héréditaires. (...) Cette habitude de ma mère fut, de bonne heure, la mienne. Quand je sortis du collège elle me montra ces pages et elle me dit : "Fais comme moi : donne un miroir à ta vie." »

Le contenu des lettres d'amour ressemble à s'y tromper à celui du journal intime, « histoire de la journée », « souvenir fugitif des choses et des impressions », pour les donner en partage à l'être aimé. La lettre d'amour est un journal quotidien enrubanné de formules intimes et d'émotions contenues. Rien d'étonnant à ce que les mêmes conditions du secret et de la nuit, président à son écriture, l'heure tardive s'inscrit en haut de la lettre des amants : « Onze heures du soir », annonce Julie de Lespinasse au comte de Guibert en 1774, « Je parie que vous n'êtes pas aussi endormi aujourd'hui que vous l'étiez hier à cette heure-ci... », et elle termine sa lettre ainsi : « Bonsoir mon ami ; donnez-moi de vos nouvelles : mon laquais a ordre de retourner chercher votre réponse (...) Adieu je suis fatiguée... »

La nuit ne fait que commencer pour ceux qui ne trouvent aucun sommeil : « Mardi soir, minuit, précise Flaubert à Louise Colet dans une lettre d'août 1846. Il y a douze heures nous étions encore ensemble. Hier à cette heure-ci je te tenais dans mes bras... t'en souviens-tu ? Comme c'est déjà loin ! La nuit est maintenant chaude et douce. »

La nuit est le moment secret de la rencontre des amants, c'est aussi le temps de la lettre qui apparaît comme un équivalent de l'amour : « Voilà minuit. Reçois les baisers de l'amant. Ils sont là ! », adresse en secret du mari, Fabre d'Églantine à sa maîtresse, la comédienne Marie-Élizabeth Joly

(*1er janvier 1788*). Ce billet crie la présence de l'amour : les baisers de l'amant sont là, semble-t-il dire, mais « où es-tu toi-même ? ». « Mon chéri, il est minuit, quelle heure ça donne-t-il à Chicago ? l'heure du dîner, je crois : que faites-vous en ce moment ? » (*Simone à Nelson, 4 juin 1947*).

La correspondance du temps est certaine, bien que cette lettre soit reçue quelques heures ou quelques jours plus tard. L'amant n'écrit pas à celui, à celle qui lira les lignes, mais à celui ou à celle qui lui correspond dans l'instant : « Il est 4 heures du matin : je devrais me coucher, au lieu d'écrire, mais je ne le puis », confie Benjamin Constant à Madame Récamier en janvier 1815. Et dans la même lettre : « Il y a trois heures que je vous ai quittée. Je n'ai pensé qu'à vous, je ne puis pas ne pas vous le dire. (...) Je vous jure que jamais, ni de nuit ni de jour, dans aucun temps, au milieu d'aucune affaire, votre image ne me quitte. » Sur ce seul critère, le téléphone, ou mieux aujourd'hui, le courrier électronique, répondent au plus près à ce fantasme des amants, conjurer l'absence par la suspension du temps.

La nuit s'allonge et les amoureux ne cessent jamais d'écrire. « Voilà que tu dois me gronder, avertit Vigny, car 5 heures après minuit sonnent en ce moment et je pense à toi en t'écrivant, en m'arrêtant pour regarder ta photographie... »

(*Alfred à Augusta, juillet 1862*). « Je crois, mon cher George, que tout le monde est fou ce matin : vous qui vous couchez à quatre heures et m'écrivez à huit : moi qui me couche à sept. J'étais tout grand éveillé au beau milieu de mon lit, quand votre lettre m'est venue » (*Alfred à George, 28 juillet 1833*). « 7 heures du matin dans mon lit », précise Marie Dorval en tête d'une lettre à Vigny. « Matin. Bleu. Huit heures », ajoute Mireille Sorgue.

La lettre s'écrit la nuit, se poursuit au matin, pour préserver un secret qu'il est souvent légitime de cacher, de peur d'être surpris ou que ne soit connue la liaison inavouée. C'est le grand amoureux et théoricien de l'amour, Stendhal, qui nous donne une leçon de secret : « J'ai gagné à force d'argent, l'esclave qui vous portera ce billet. Il trouvera le moyen de le mettre dans votre main sans être aperçu, mais il tremble que vous ne le laissiez tomber. Daignez songer que nous sommes environnés de tous les dangers, que tous les yeux du sérail sont tournés sur vous... » (*Henri à Alexandrine, 24 juin 1811*). Dans cette lettre à sa cousine, la comtesse Alexandrine Daru, Stendhal développe sa fiction orientale et son goût du secret : « Mille moyens s'offrent pour la réponse (...) laissez tomber cette lettre dans le premier buisson de roses qui se trouve à côté de la mer en sortant du harem et, pour indiquer que ce n'est point le hasard qui l'y a mis, jetez dessus quelques gouttes d'encre au moment de la confier au rosier. » Éternel amoureux de femmes inaccessibles, Stendhal devra user toute sa vie de subterfuges pour conserver le caractère secret de sa correspondance amoureuse : « Comme, en cachetant ma lettre, j'ai toujours l'idée qu'elle peut être surprise et que je connais les âmes basses et l'envie qui les possède, je me refusai à joindre mon billet aux deux lettres officielles, afin que, si votre hôte les ouvrait par mégarde, on n'y vît rien que de convenable » (*Henri à Matilde, 12 mai 1819*). Dans sa compulsion de l'échec, il poursuit ses relations secrètes, naturelle condition de l'amour éconduit : « Que la prudence est une triste chose ou du moins qu'elle me rend triste ! (...) Quand sera-t-il convenable que je me présente de nouveau chez vous ? (...) Êtes-vous contente de ma prudence ? Ai-je eu l'air assez indifférent ? (...) Indiquez-moi de grâce, par la poste, les moments précis où je pourrai vous trouver seule. (...) Un petit signe de la fenêtre du boudoir où vous étiez ce matin, par exemple une persienne à moitié fermée, ou la jalousie à moitié descendue, me dirait que je puis monter » (*Henri à Clémentine, 18 mai 1824*).

Nerval vit la même souffrance et le même dilemme : comment rencontrer en secret l'objet de son amour. « Je sais vos habitudes ; vous pouvez me rendre prudent par beaucoup de confiance. Quel intérêt aurais-je à vous compromettre aujourd'hui ? (…) Puisque vous avez tant à craindre, votre secret sera sous la garde de mon bonheur. Mais j'ai besoin de vous voir un peu de temps, de vous voir à tout prix » (*Gérard à Jenny, 1837-1838*).

« Si vous m'écrivez, chère enfant, écrivez discrètement et vous ferez bien », précise Voltaire à sa nièce. « Vous devez écrire discrètement parce que les lettres sont parfois ouvertes. » Voltaire était un habitué des stratagèmes amoureux dont il était passé maître à l'âge de dix-neuf ans lorsque, jeune secrétaire d'ambassade à La Haye, il faisait porter ses lettres en secret à Olympe Dunoyer par son valet qui se déguisait pour la circonstance en marchand de tabatières.

Comme dans un mauvais vaudeville, les amants s'aiment à l'insu des parents, à l'insu du mari : « Il vient de sortir à l'instant et j'en profite bien vite pour t'écrire » (*Marie-Élizabeth à Philippe, février 1788*). « Je t'enverrai par écrit la manière dont il faut se conduire : il faut te soumettre et croire que je souffre plus que toi de cette contrainte (…). D'ailleurs, mon mari arrivant, il faudrait par force s'y soumettre » (*Pauline Bonaparte au comte de Forbin*). « Je t'engage à bien cacher cette lettre, malheureuse ! Sais-tu réellement ce que tu dis ? Il y a des gens pour mettre en prison ceux qui ne paient pas leurs lettres de change, mais les serments de l'amitié et de l'amour, personne n'en punit la violation » (*Charles à Apollonie, 31 août 1857*).

C'est Sade qui imagine les moyens les plus pervers pour déjouer la vigilance paternelle et séduire Laure de Lauris dont il était amoureux : « J'emploie tous les moyens nécessaires que je crois les meilleurs pour te faire parvenir cette lettre. Ne manque pas de faire à la femme qui te la remettra un reçu de ta main conçu en ces termes : *Je reconnais avoir reçu des mains d'une telle, une lettre*. Fais-le lui très exactement parce qu'elle ne doit être payée de ce qui lui est promis qu'en apportant le reçu. Ne fais pas tarder ta réponse si tu as envie de me voir » (*6 avril 1763*).

L'image de l'innocence et de la vertu est un sérieux rempart contre la suspicion quand les liens infantiles à la mère sont encore forts. L'amant fougueux qu'est Apollinaire redevient un enfant quand il parle de sa mère : « J'ai dit à Maman que t'avais été très gentille pour moi (...) Dis que nous sommes très amis, il ne sera pas question d'amants, naturellement (...) Car relations tendues et faut faire bien attention entre Maman et moi » (*Gui à Lou, 26 avril 1915*). Mireille Sorgue témoigne aussi d'un lien filial fort, mais d'une façon plus accomplie : « Je relis ta dernière lettre.

Non bien sûr, je ne la laisserai pas traîner, pas plus que les précédentes (quelle drôle d'idée !) (...) Je ne peux m'empêcher de sourire en songeant à la stupeur qui saisirait Maman à la lecture de tes *propos insolites* ! Mais il n'y a pas de danger » (17 *décembre 1962*).

C'est enfin Vigny, âgé et malade, il a soixante-trois ans, qui veut préserver le secret d'Augusta, sa très jeune amie, par des précautions extrêmes qui relèvent presque d'une méfiance paranoïaque : « Je t'écris sans savoir comment je t'adresserai ma lettre... Je ne la confierai pas à la poste parce que les domestiques, voyant l'adresse si voisine, au lieu de l'y jeter, l'y porteraient » (*Lettre V, 8 août 1859*). « Si tu m'écrivais l'adresse de *Victoire* et tout son nom, je t'enverrai des lettres sous son enveloppe toutes fermées et timbrées, elle n'aurait qu'à les mettre à la poste » (*Lettre V, op. cit.*). « Quant à tes lettres, mon cher amour, ne me les épargne pas, ne les affranchis jamais. Les grandes enveloppes valent mieux que les autres parce qu'elles ne ressemblent pas à des lettres de femmes » (*Lettre VI*). « Ne t'occupe pas des lettres qui vont t'arriver ainsi plus vite que par un ricochet. Elles sont mises à la poste avec plusieurs autres et toujours par un homme qui ne sait pas lire » (*Lettre XXVI*). « Il faut se résigner à ma prudence. Il le faut. (...) Moi seul je peux mesurer la portée des calomnies, des médisances, des espionnages multipliés, perpétuels, nuit et jour que l'assiduité ne cesse de m'apporter » (*Lettre XXXVIII*).

Le suprême stratagème pour joindre en secret l'être aimé à l'insu de son entourage, fut bien évidemment inventé par Stendhal. Il nous est connu par le journal d'Alexandrine, la femme de son cousin Pierre Daru, dont il était amoureux. Comment déclarer son amour à une parente que l'on voit fréquemment, sans éveiller l'attention des proches, et lorsqu'on est un jeune homme romantique ? Stendhal calligraphia sa déclaration d'amour à l'identique de la page d'un livre qu'elle allait lire et dans lequel il l'inséra !

Ce sont ensuite les faux noms, les initiales et pseudonymes d'amour qui confèrent aux écrits intimes le secret nécessaire ou le mystère recherché par les amants. « Monsieur Victor, viens me chercher ce soir chez Mme K. », dit l'un des premiers billets de Juliette à Victor en 1833. « Vous pouvez (...) aller partout où vous voudrez, sans craindre les reproches d'Arthémise », confie à mots couverts Marie-Catherine Desjardins, en se retranchant derrière l'un de ses pseudonymes galants, comme c'était alors la mode dans les salons. Elle poursuit, toujours à Villedieu : « Je tâche bien à me persuader que je ne souffrirai pas seule, et que vous aurez un peu d'inquiétudes pour Amarande »

(*Lettre L*). « Chère amie, si vous ne faites rien, venez dîner ce soir je serai seule. Signé : *Violet.* » Cette signature était le surnom codé de Lady Gréville, fille de la duchesse de Montrose.

Les billets galants gagnaient ainsi en mystère, en construisant comme un double de la réalité, le monde de l'amour : « Chère Madame, écrit pour la première fois Edgar Poe le 5 septembre 1848 à Sarah Helen Whitman, dont il fut éperdument amoureux, ayant entrepris une collection d'autographes des auteurs américains les plus distingués, je suis bien sûr fort désireux d'obtenir le vôtre (...) Votre dévoué serviteur, Edward S. Grey. » Masqué derrière un pseudonyme, Poe essaya également de déguiser son écriture, mais il fut trahi par l'angoisse amoureuse qui l'habitait et reconnu par la femme qu'il aimait. Être à la personnalité complexe, Poe était « Eddy » pour Annie Richmond et « Edgar » pour Helen Whitman. Un mois plus tard, dans une lettre-fleuve en date du 1er octobre 1848, il avoue à Helen lui avoir écrit de façon anonyme, pour ne pas être reconnu.

Le désir et l'angoisse ont de bien curieuses destinées chez des êtres à la trajectoire similaire lorsqu'on sait que Baudelaire, admirateur passionné et traducteur de Poe en français, mais tout aussi empreint d'angoisses et d'inhibitions, s'éprit d'Apollonie Sabatier, surnommée *La Présidente*, à laquelle il adressa anonymement pendant cinq ans des lettres et des poèmes avant de se déclarer, avant qu'elle ne se donne à lui et que leur idylle se termine en quelques jours.

Une autre dimension secrète de la lettre d'amour est l'utilisation de codes connus des seuls amants. Un exemple amusant nous en est donné par la correspondance amoureuse du général américain John Pershing à sa future épouse, française, à laquelle il avait fourni une liste de mots codés sur le modèle des codes militaires : « Gambal = Je t'aime plus que la vie ; Soleil = Tout va bien ; Sévigné = Écrivez-moi tout de suite. »

Certains codes populaires des correspondances amoureuses, très prisés au début du XXe siècle, utilisent des initiales pour permettre la connivence et le partage d'une intimité malgré la distance ou l'indiscrétion postale de la carte-lettre : « Chère Madeleine (…) en attendant de vos bonnes nouvelles, Recevez Ma C. M. les m. b. et l. m. s. a. de c. qui p. a. v. et v. a. d. t. c. Votre Camille » (*17 juillet 1906*). (*Recevez Ma Chère Madeleine les meilleurs baisers et les mille souhaits amoureux de celui qui pense à vous et vous aime de tout cœur, Votre Camille.*) (*CPA, début XXe s., coll. part.*)

Le secret suprême, garant de l'intimité et du partage, ne peut être que dans la langue, celle-là même qui contient l'émotion et transmet les sentiments, la langue qui est au cœur de l'intimité amoureuse. Selon les époques, la langue de l'intimité sera l'italien, l'anglais ou – suprême invention – une langue propre aux amants.

« Ma chère enfant (…) Je dois d'ailleurs remercier le Roy. Mais je ne viendray que pour vous *e se il povere stato della mail salute me lo permesse mi gittarai alle vostre genochia e baccarei tutte le vostre Belta. In tanto io figo mile baccii alle tonde poppe, alle transportatrici natiche, a tutta la vostra persona che m'ha fatto tante volte rizzare e m'ha annegato in un fiume di delizie.*» Voltaire a écrit la plus grande partie de sa correspondance dans une langue étrangère (anglais, italien, latin…) et une part de sa correspondance amoureuse en italien qui était alors considéré comme la langue de l'amour. Il est d'ailleurs surprenant qu'il ait autant écrit dans une langue qu'il maniait de façon scolaire, puisqu'il n'a jamais été en Italie. Dans ce passage, d'une lettre de 1748 à sa nièce et maîtresse, Madame Denis, on peut remarquer le choix de l'italien pour préserver l'intimité de propos très personnels : «… Je ne viendray que pour vous et si le malheureux état de ma santé me le permettait, je me jetterai à vos genoux et je baiserai toutes vos beautés. En attendant j'enfile de milliers de baisers l'arrondi de ton postérieur, les fesses qui m'excitent, et toute votre personne qui, tant de fois, m'a fait dresser et m'a noyé dans un fleuve de délices. »

« Il est possible, écrit Henri à Alexandrine, que ce billet passe sous des yeux profanes, mais d'abord il est écrit en arabe, et ensuite j'y ai caché toutes les particularités qui pourraient vous faire soupçonner... » Stendhal qui prend des précautions infinies dans cette lettre construite comme une fiction, adressera, lui aussi, une lettre en italien à Angeline.

« Bien aimé (...), écrit Pauline Bonaparte au comte de Forbin, je vais tâcher de dormir, mais je rêve toujours à toi, depuis quelques temps encore davantage. *Si, ti amo di piu caro idolo mio. Ti mando dei fiori che sono stati nel mio seno, li ho coperti di bacci... Ti amo.* » (Oui, je t'aime encore plus, mon cher adoré. Je t'adresse des fleurs que j'ai portées sur ma poitrine. Je les ai recouvertes de baisers. Je t'aime.)

L'italien, langue de l'intime – ici sa langue maternelle – ouvre par convention sur l'imaginaire amoureux, Vérone, Venise mais aussi sur le romantisme transalpin avec des formules que chacun comprend. « Adieu, mon frère, mon ange, mon oiseau, ma mignonne adorée, adieu tout ce que j'aime sous ce triste ciel, termine un Musset désespéré dans une lettre à George en 1834 (...), penses-tu quelquefois à Roméo mourant ? adieu ma Juliette. *Ramenta il nostr'amor.* » (Rappelle-toi notre amour.)

Si l'italien est la langue de la passion et de l'amour, l'anglais est celle du spleen et de la nostalgie. Le même Musset écrivait un an plus tôt : « Mon cher George, vos beaux yeux noirs que j'ai outragés hier m'ont trotté dans la tête ce matin (...) *Good night. I am gloomy today* » (*juillet 1833*). (Bonne nuit, je suis mélancolique aujourd'hui.) Les amants polyglotes nous assurent que l'amour n'a pas de frontière.

À la recherche d'une langue de connivence, d'un langage intérieur, d'une langue originelle, on approche les fondements de l'humain que l'état amoureux permet de pénétrer. C'est Tristan L'Hermite, poète et dramaturge au XVIIe siècle, qui formule ce propos de tous les amants dans sa lettre à Célinde : « Ma chère maîtresse, (...) Amour, qui est un maître impérieux, me vient d'enseigner un secret capable d'adoucir nos peines. C'est une langue toute nouvelle qui ne saurait être entendue que de nous deux, et qui ne donnera point de soupçon. » Tristan pose les fondements de la fusion amoureuse par cette langue comprise des seuls amants et à l'insu de leur entourage. Cela évoque le partage d'un état premier, état

50

régressif semblable à celui de la mère et de l'enfant ou d'un paradis originel auquel l'amour donnerait accès.

De cette attitude, moderne pour son époque, Tristan en reste cependant à un système de convention, une langue des signes, qui est plus anecdotique que sa réflexion première : « En voici les commencements : Le premier signe : lorsqu'en me promenant avec votre frère, il m'arrivera de me toucher les cheveux (...) ce sera pour vous dire les peines que je souffre, pour vous ... » Suit une liste fastidieuse de huit signes conventionnels, code amoureux pauvre de significations, qui n'est pas à la mesure de la prescience visionnaire de ce principe d'une langue nouvelle.

Dans la fulgurance de ses intuitions novatrices, Mireille Sorgue poursuit le propos de Tristan : « Il faut inventer le langage, un langage-miroir pour m'y chercher, un langage-portrait pour que tu me connaisses, un langage-clef pour t'atteindre, un langage-outil pour tranformer le monde, et geste pour le posséder... » (*15 septembre, 1962*). La lettre d'amour montre combien le langage est le lieu de la rencontre des amants. Avant de se traduire en actes, l'amour est une pensée et ses instruments sont les mots. Eux seuls, mieux que les gestes, peuvent transmettre la tonalité des sentiments et la valeur qui leur est attachée. De la surface de la lettre, les mots touchent au plus profond de l'être.

La vraie découverte des amants est ainsi formulée, c'est *le* langage dans son acception totale, *le* langage et non un langage, qui retrouve le secret incestueux de la langue des origines par l'union régressive de deux êtres en manque l'un de l'autre.

CORRESPONDANCE DE L'INTIME

La lecture que nous faisons de la lettre d'amour viole l'espace personnel pour nous livrer un registre connu des seuls amants, au plus intime de leurs confidences : « Charmante créature – vous voulez mon linge sale, mon vieux linge. Savez-vous que c'est d'une délicatesse achevée ? » écrit de prison, en 1783, le marquis de Sade à son épouse dont il espère une même « délicatesse » en retour : « Je respirerai les atomes de ta vie ; ils enflammeront le fluide qui coule dans mes nerfs (...) et je me croirai heureux. »

L'intime commence avec les innombrables termes amoureux dont les amants se baptisent. « Mon tendre ami », « Cher bonheur », sont les petits noms que donne Sophie de Condorcet à Maillia Garat. « Mon cher petit ange », Vigny à Augusta. « Mon enfant chéri », commence ainsi George à Alfred . « Adieu, mon frère, mon ange, mon oiseau, ma mignonne adorée, adieu tout ce que j'aime... », lui répond Vigny.

Henri disait : « Mon vray cœur... mes chers amours » à Gabrielle d'Estrées, « Mon cher cœur, mon bel ange » à la duchesse de Beaufort et « Mon tout, mes amours » à Henriette de Verneuil. Ces mots de l'amour sont des indiscrétions que livrent impudiquement les correspondances intimes. Innombrables sont, par ailleurs, les formules de Juliette. « Mon cher petit bien aimé... Mon Toto du premier jour... mon cœur, ma vie, mon âme... mon cher amour adoré, mon bon petit homme... » Victor, lui, se contentait de : « Belle Juju. »

Détachées de leur contexte, ces formules perdent leur sens et touchent même au ridicule, alors qu'elles soulignent ici l'intimité amoureuse. Que Marcel Proust appelle Laure Hayman « Belle Douce et dure amie » traduit autant des sentiments qu'un ressentiment ; que Vigny appelle Augusta « Mon cher ange rebelle » nous peint en quelque sorte le portrait du dernier amour de sa vie ; et qu'Apollinaire nomme Louise de Coligny « Mon Lou, mon Lou si chéri... ma Lou très belle, ma reine... ma vie » traduit sa passion extrême et la fougue de son tempérament.

Deux correspondances récentes se sont particulièrement attachées à décliner le nom de l'autre sur le registre de la métaphore amoureuse, ce sont les lettres de Simone de Beauvoir à Nelson Algren et celles d'Henry Miller à Brenda Venus. Beauvoir est particulièrement imaginative : « Très-cher-vous-toujours-bien-le-même », « Mon jeune du cru, mon crocodile, mon Nelson », « Mon très cher mari-sans-mariage », allusion à la relation charnelle qu'elle n'avait pas avec Sartre ; avec des variantes innombrables : « très cher homme-singe », « fou que vous êtes », « mon magicien », « mon amour lointain », « mon homme au cerveau d'or », « très cher monstre à moi ».

L'amant devient poète car l'amour exalte les idées, condense les symboles et invente des mots qui ne sont destinés qu'à l'autre. Dans sa correspondance à Brenda Venus, Henry Miller s'efforçait de varier la signature de ses lettres : « Votre adorateur, Ton petit amoureux de trois ans ! Ton amant rêveur, Ton amour, Ton Henry, Ton amant tout dévoué et légèrement délirant, Ton adorateur angélique, Ton bien aimé, Ton Henry-la-chance, Henry minuit, Ton incurable romantique et amant perpétuel, Ton amour éternel, Ton amoureux tout dévoué. »

Ce souci constant du néologisme et de l'hétéro-nyme est l'un des artifices pour entretenir l'état amoureux : « Je suis encore un autre », semble dire Henry à Brenda, « je suis toujours un autre »,

renouvelant la relation contre l'usure des sentiments. Le couple amoureux est toujours un couple
inventif.

LE CORPS DE LA FEMME

Une évidence première étonne le lecteur : le
corps de l'homme est absent de la correspondance
amoureuse, autant féminine que masculine, tandis
que le corps de la femme est omniprésent dans les
écrits des hommes, parfois même dans ceux des
femmes. Évelyne Sullerot rappelle par exemple
qu'à travers les dix-huit mille lettres de Juliette
Drouet à Victor Hugo « il est impossible en les
lisant de savoir seulement si ce génie adoré était
brun ou blond, encore moins quels étaient ses
traits, son allure, les lignes de son corps ».

Le corps de l'homme est rarement évoqué sinon
par quelques détails comme les yeux, les mains ou
la voix. Sullerot souligne deux contre-exemples qui
permettent de mieux comprendre la valeur de cet
interdit. Au XVIe siècle, Christine de Pisan décrit
minutieusement son bien-aimé : « La splendeur...
sa robuste poitrine... imposante, vigoureuse et
virile... » Elle ne peut le faire que parce qu'il est
mort, ce mari tant aimé. Trois siècles plus tard,
et d'une certaine façon dans les mêmes circonstances, George Sand ne parlera du « petit corps

souple et chaud » du jeune Musset, que lorsque leur amour sera terminé : « Adieu mes cheveux blonds ; adieu mes blanches épaules ; adieu tout ce qui était à moi ! »

L'actualisation du désir qui permet à l'homme de se figurer l'objet d'amour, est certainement un profond inhibant du désir féminin qui, lui, occupe le terrain des sentiments. On sait combien l'excès de désir « tue » le désir de l'autre. Tandis que le discours masculin vénère, glorifie, décrit le corps de la femme et a besoin de sa présence pour être l'objet de son désir, la mise à distance de l'image masculine serait plutôt un moyen d'entretien du désir féminin. Il n'est pas neutre de rappeler que la présence physique de l'homme et de son désir permanent est très souvent inhibitrice du désir de la femme. La lettre d'amour serait alors le lieu idéal de la rencontre, une rencontre non menaçante, favorisée par la distance et l'absence. Illustrer cette omniprésence du corps de la femme dans les écrits masculins relève d'une jouissance immédiate tant les exemples sont nombreux, riches, inventifs, tant ils révèlent la permanence de ce désir, sa dominante visuelle et sa composante imaginaire : « Madeleine, je serre votre souvenir comme un corps véritable/ Est-ce que mes mains pourraient prendre de votre beauté/ Ce que mes mains pourraient en prendre un jour/ Aura-t-il plus de réalité ? » (*août 1915*). Dans cette lettre à Madeleine Pagès qu'il rencontre quelques jours seulement après sa rupture avec Lou, Apollinaire éprouve la nature du désir et son rapport à l'hallucination : « Je serre votre souvenir comme un corps véritable. » Les hommes se nourrissent du souvenir de la chair et les femmes de la nature de la relation qu'elles entretiennent avec cet homme.

Le fantasme visuel du corps de la femme habite l'homme désirant. Dans son amour-passion pour Gabrielle d'Estrées, Henri IV le formule exactement en ces termes : « Je vous écris, mes chères amours, des pieds de votre peinture, que j'adore seulement pour ce qu'elle est faite pour vous, non qu'elle vous ressemble. J'en puis être juge compétent, vous ayant peinte en toute perfection dans mon âme, dans mon cœur, dans mes yeux » (*fin 1593*). C'est encore Baudelaire qui confirme à Marie X. : «... Oh ! si vous saviez comme vous étiez belle ce soir-là ! Je n'ose pas vous faire de compliments, cela est si banal : mais vos yeux, votre bouche, toute votre personne, vivante et animée, passe maintenant devant mes yeux fermés, et je sens bien que c'est définitif » (*slnd*).

Le corps de la femme aimée est naturellement présent dans la lettre des hommes. Il réveille en eux un fantasme très proche de la conscience : « Quand tu places sans crainte ton corps si pur et si virginal dans mes bras, témoigne Victor Hugo à Adèle Foucher, sa fiancée, il me semble que c'est la plus haute preuve d'estime que tu puisses me donner » (*Victor à Adèle, 5 juin 1822*). Le corps qui s'offre à lui semble, pour l'homme, une preuve d'amour, ce que le corps de l'homme n'est en rien pour une femme. Ce rapport si différent à l'objet du désir rappelle les archétypes de la soumission et de la domination ou même le fantasme originel du rapt de la femme. Pour une femme, la preuve d'amour ne peut être le corps offert de l'autre, car ce serait s'identifier à sa pensée désirante et s'y soumettre. La preuve d'amour est douceur, sentiments, tendresse, compréhension.

L'homme continue sa mise en scène de la femme, la lettre en est le fidèle témoin : « Est-ce dans le boudoir de la rue Vendôme que se retrouvent vos grâces de panthère et votre esprit de démon ? » demande Flaubert à Jeanne de Tourbet dont il est amoureux. « Comme je rêve souvent à tout cela ! Je vous suis de la pensée, allant et venant partout, glissant sur vos tapis, vous asseyant mollement sur les fauteuils, avec des poses exquises ! » (*8 octobre 1859*). Visionnaire impénitent, Flaubert tenait à peu près les mêmes propos dix ans plus tôt à Louise Colet : « Vingt fois par jour je te replace sous mes yeux avec les robes que je te connais, les airs de fête que je t'ai vus. Je te déshabille, et te rhabille tour à tour. Je revois ta bonne fête à mes côtés sur mon oreiller – ta bouche s'avance, tes bras m'entourent » (*25 août 1846*). De son style lyrique, Victor Hugo fait vivre Léonie dans un écrin de verdure : « Que tu étais belle tantôt aux Tuileries sous ce ciel de printemps, sous ces arbres verts, avec ces lilas en fleurs au-dessus de la tête. Toute cette nature semblait faire une fête autour de toi » (*Victor à Léonie, 1844*).

La vénération du corps féminin n'a pas de frontières, n'a pas d'époque : « Si je m'étends trop sur votre corps splendide, n'oubliez pas que c'est vous qui inspirez cette adoration » (*10 juillet 1976*), précise, comme pour se dédouaner, le libertin Henry Miller à Brenda Venus qu'il assiège de ses fantasmes amoureux. « Mon amour embrasse toutes les parties intégrantes de ton être et ta chair simultanément. » Ce sur quoi Brenda fait ce commentaire : « Il y avait des jours où j'aurais souhaité qu'il parle un peu moins de mon corps, ou ne fasse pas semblant de tomber pour pouvoir me frôler les seins ou les cuisses. » Le désir féminin n'emprunte pas les mêmes voies que son homologue masculin – mais peut-on parler d'homologue ?

Quand il décrit le corps de la femme, l'homme insiste sur certains détails, marquants à ses yeux, toujours au centre de la construction amoureuse, comme du fétichisme : les traits du visage, la couleur des yeux, le timbre de la voix, les bras, les cheveux, le pied... : « Oui, ce sont moins ces yeux, dont la douceur égale la vivacité ; c'est moins cette fraîcheur et ces lys répandus avec tant de profusion sur toute votre personne ; c'est moins cette taille svelte et légère qui ne perd rien par la nudité ; c'est moins cette forme élégante, ces grâcieux contours, qu'il me serait aussi téméraire de vouloir décrire qu'il me l'a été d'oser les voir (...) Je me retirerai tout rempli de vos traits » (*Jean-Jacques à Mlle B.*).

Les yeux sont le premier objet auquel s'attache le regard masculin. Ils sont de toutes les correspondances, Flaubert, Stendhal, Maupassant... : « Nous étions seuls, heureux, je contemplais ta tête dans la nuit, je la voyais malgré les ténèbres, tes yeux t'éclairaient toute la figure » (*Gustave à Louise, 5 août 1846*). « Dans les murs d'Amasie comme sous les tentes du Soudan, je songeais à ces yeux charmants dont le sourire fait mon bonheur » (*Henri à Alexandrine, 24 juin 1811*). « Je voudrais surtout revoir vos yeux, ces doux yeux de femme que nous aimons. Comme elles nous hantent, comme elles nous rendent heureux ou malheureux, ces petites énigmes claires, impénétrables et profondes, ces petites taches bleues, noires ou vertes qui, sans changer de forme ni de couleur,

60

expriment tour à tour l'amour, l'indifférence et la haine, la douceur qui apaise et la terreur qui glace mieux que les paroles les plus abondantes et que les gestes les plus agressifs » (*Guy de Maupassant à Madame X., 19 décembre 1887*).

Les yeux sont comme une « vitrine de l'âme », ils rient, ils pleurent, ils trahissent les sentiments, ils sont un intermédiaire avec l'être aimé dont l'amant cherche désespérément le moindre signe de vie : « Si tu avais pu ce soir voir tout ce que je souffrais en secret pendant (que) tes yeux adorés pleuraient, il se serait mêlé à tes larmes quelques larmes de pitié pour moi » (*Victor à Adèle, 22 mai 1822*). Les yeux sont encore présents dans les dernières lignes de la lettre d'amour, dans ces formules qui sonnent comme un adieu : « Je te prends dans mes bras mon pt'it Lou et t'embrasse mignonnement tandis que tes belles paupières battent comme des pétales de fleur de pêcher, ma joie, mon tout » (*Guillaume à Lou, 26 avril 1915*). « Mille et mille baisers sur tes yeux bleus pour en boire les larmes quand il en vient » (*Gustave à Louise, 27 août 1846*).

Les yeux restent enfin comme une dernière lueur de vie chez l'être aimé quand, emporté par la mort, ils en réactivent douloureusement le souvenir : « Mais hélas, quand je fermerai mes yeux pour la dernière fois, ils ne retrouveront plus les vôtres

(...) Adieu ma chère Julie, car ces yeux que je voudrais fermer pour toujours se remplissent de larmes en traçant ces dernières lignes et je ne vois plus le papier sur lequel je vous écris » (*Jean d'Alembert, lettre posthume à Julie de Lespinasse, 23 mai 1776*).

Parce qu'il véhicule le langage, le regard est un vecteur de l'amour, du sens et de l'émotion. Il fascine l'homme amoureux : « C'est ce regard-là que je revois partout, plutôt que vos yeux de cette nuit dont mon souvenir retrouve surtout la forme et non le regard » (*Guillaume à Lou, 28 septembre 1914*). Nerval, puis Benjamin Constant, insistent sur l'emprise du regard et son lien avec le désir : « Votre regard est pour moi ce qu'il y a de plus doux et de plus terrible ; vous avez sur moi tout pouvoir, et ma passion même n'ose en votre présence s'exprimer que faiblement » (*Gérard à Jenny, lettre II*). « Je vous parais fou peut-être, mais je vois votre regard, je me répète vos paroles, je vois cet air de pensionnaire qui réunit tant de grâce à tant de finesse, j'ai raison d'être fou, je serai fou de ne pas l'être » (*Benjamin à Juliette, 2 septembre 1814*).

Au même titre que les larmes, la voix est un liquide du corps. Si les mots et le sens sont du côté de l'âme, la voix est du côté du corps, elle est une présence charnelle et les femmes ne s'y trompent pas, pour qui elle est un puissant stimulant érotique. Le timbre de la voix recèle autant de sensualité que le corps de l'être aimé. La voix est pleine, elle est douce, caressante, elle s'écoule avec puissance et majesté, avec douceur et volupté, elle est un fleuve tranquille : « J'entends ta voix qui dit doucement (tu sais être si douce sous ta pluie de cheveux) : *I am so thirsty this afternoon* (j'ai tellement soif cet après-midi) » (*Marcel Schwob à Marguerite Moreno*) ; «... quand j'entendis votre voix mélodieuse et perçus à quel point j'avais mal interprété votre nature féminine... » (*Edgar à Sarah, 18 octobre 1848*) ; «... l'amour a tout opéré, dès l'instant que votre voix enchanteresse s'est fait entendre... » (*Jean-Jacques à Mlle B.*) ; «... je pense à toi toujours, toujours je rêve (...) à ta voix passionnée, violente et douce à la fois comme un cri d'amour. Je te l'ai dit, je crois, que c'était ta voix surtout que j'aimais » (*Gustave à Louise, 9 août 1846*) ; « Puissè-je encore toutefois entendre une voix dont le charme cause de si merveilleuses illusions ! » (*Guillaume à Lou, 28 septembre 1914*).

Le corps de la femme apparaît maintenant dans toute sa réalité, sans artifice sous le regard de l'homme qui en nomme les parties comme des territoires dont il s'approprie la jouissance, l'espace d'un souvenir. Il nomme la bouche et ses baisers, les mains et ses caresses, les cheveux, les pieds et puis le sexe, les seins, les fesses, le cul. La lettre d'amour est souvent indécente, parfois obscène : « Le mouvement de ta bouche quand tu parles se reproduit dans mon souvenir (…) ta bouche toute rose et humide qui appelle le baiser, qui l'attire à elle avec une aspiration sans pareille » (*Gustave à Louise, 9 août 1846*). « Le sourire charmant de votre bouche s'épanouit comme un œillet… » (*Alfred à Anna, 21 septembre 1843*). « Vous qui avez une bouche si engageante !!! pardonnez mes désirs inexprimés » (*Henry à Brenda, 3 juillet 1976*).

La lettre d'amour est porteuse de cette marque de la passion qu'est le baiser en guise de ponctuation, comme l'on s'embrasse en se quittant : « Sois sage (…) et reçois un baiser qui est couché ici » (*Alfred à Augusta, 25 septembre 1861*). « Envoiemoi un baiser au lieu de signature au bas de ta lettre » (*ibid, 15 septembre 1861*). « Adieu je t'embrasse là où je t'embrasserai – là où j'ai voulu. J'y mets ma bouche. Je me roule sur toi. Mille baisers. Oh donne-m'en, donne-m'en » (*Gustave à Louise, 9 août 1846*). « Oh ! que je voudrais en ce moment t'avoir sur mes genoux et couvrir ta bouche divine de baisers ! » (*Victor à Léonie, 1844*).

Le regard capte le regard, la bouche baise la bouche, les mains serrent les mains. La main est omniprésente dans la lettre d'amour dont elle est une trace sur le papier et dont elle garde l'empreinte invisible : « J'embrasse cette lettre que tu as touchée, et je témoigne par ce geste qu'elle est une part aimée de toi. » Quand le corps n'est pas accessible, seule la main peut encore se donner : « Et pourtant vous m'avez donné votre main, je l'ai pressée sur mon front, sur mes lèvres, et j'ai contenu mes larmes, je vous l'avais promis » (*Hector à Estelle, 27 septembre 18 heures*). « Mon Dieu, mon Dieu, que je vous remercie ! Votre œil rencontrant le mien, votre main serrant la mienne (...) Et qu'importe que je n'ai pu vous dire un mot » *(Gérard à Jenny, lettre IV)* ; «... si je suis malade je baiserai vos belles mains et si je suis bien, votre bouche » (*François à Marie-Louise, juin 1748*). « Je baise un million de fois les belles mains de mon ange et la bouche de ma chère maîtresse » (*Henri à Gabrielle, 23 juillet 1593*).

D'une main pudiquement offerte, les bras sont la voie royale qui mène au corps de l'aimée. Et les grands amoureux empruntent tous le même chemin : « Il me semble que je suis encore à humer ton épaule et la douce chaleur de ton bras nu. Allons ! voilà les idées de volupté et de caresses qui me reprennent » (*Gustave à Louise, 13 août 1846*). « Songez donc que quand j'emporte le parfum de vos bras et de vos cheveux, j'emporte aussi le désir d'y revenir. Et alors, quelle insupportable obsession » (*Charles à Apollonie, 31 août 1857*).

Plus que tout autre, le pied est objet de vénération, il est un lieu du corps investi d'érotisme et souvent de fétichisme. On sait combien il représente une part visible de l'imaginaire érotique et combien il intercède dans les affaires de l'amour : « Oh ! j'ai tant d'amour à te donner, tant de baisers à te prodiguer, sur tes pieds parce que je te respecte, sur ton front parce que je t'admire, sur tes lèvres parce que je t'aime » (*Victor à Juliette, septembre 1834*). « Je voudrais avoir là comme tout à l'heure ton pied, ton pied charmant, ton pied nu, ta main, tes yeux et tes lèvres sous mes lèvres » (*ibid. 9 janvier 1835*). « Tu es un ange ! Je baise tes pieds, je baise tes larmes ! » (*Victor à Léonie, 1843*).

Geste d'humilité du vassal à son souverain, être aux pieds de l'aimée devient un acte d'allégeance amoureuse ou de soumission érotique : « Je me jette à vos pieds pour avoir votre absolution et vous embrasse tendrement et *distraitement* » (*Marcel à Laure, janvier 1893*). « Est-il possible que de telles paroles aient pu m'être répétées, à moi, par celle que j'aimais – oh, que j'aime –, par celle aux pieds de qui je me suis agenouillé... » (*Edgar à Sarah, 18 octobre 1848*). « Je suis à ses pieds : c'est ma place, et je les baise » (*Denis à Sophie, 23 juillet 1759*).

La lettre d'amour se fait maintenant plus intimiste, libertine, impudique, indécente. Elle affiche
une liberté qui frise l'indiscrétion à la mesure de
notre voyeurisme. De quel droit parcourons-nous
ces lignes qui ne nous sont pas destinées et n'ont
valeur que dans l'intimité absolue de la relation à
deux et dans l'instant de la passion ? Si les bras et
les cheveux sont évoqués dans les mêmes propos
en raison de leur proximité, les seins et les fesses se
trouvent souvent honorés des mêmes attentions, et
ainsi, deux à deux, les parties du corps se répondent comme dans *le Viol* de Magritte où les seins
sont les yeux du corps-visage : « Mille baisers. Oui
mille – partout mais surtout sur tes seins, sur tes
yeux dont le souvenir m'enflamme » (*Gustave à
Louise, 5 septembre 1846*).

Dans l'intime confession du tête-à-tête amoureux, deux êtres de chair et de feu surpassent leurs
condisciples au jeu de la crudité : Voltaire et Apollinaire. Leurs propos témoignent d'une grande
liberté. Voltaire tout d'abord qui trace ces lignes en
un italien si cru qu'elles seront biffées par sa nièce
et maîtresse : « Je vous demande la permission
d'apporter ma mollesse. Il serait mieux de bander,
mais que je bande ou non, je vous aimerai toujours,
vous serez la seule consolation de ma vie » (*François à Marie-Louise, octobre 1746*). « Mon cœur et
mon vit vous font les plus tendres compliments »

(*ibid., septembre 1747*). « Je vous embrasse mille fois. Mon âme embrasse la vôtre, mon vit et mon cœur sont amoureux de vous. J'embrasse votre gentil cul et toute votre adorable personne » (*ibid., décembre 1745*).

Nous sommes en 1915, Apollinaire a trente-cinq ans, militaire en garnison à Nîmes, il écrit à Louise de Coligny-Châtillon après leurs retrouvailles d'amour quelques jours auparavant : « Ai pensé aussi aux délicieuses chevauchées longues et serrées que tu fis à Nîmes, toi cavalière, moi cheval. T'en souviens-tu ? » (*Guillaume à Lou, 30 janvier 1915*). « Tes totos chéris, ton cul splendide, tes poils, ton trou de balle, l'intérieur si animé, si doux et si serré de ta petite sœur, je passe mon temps à penser à ça (...) Je t'embrasse, je t'aime, je t'adore, je te suce, je te baise, je t'encule, je te lèche (...) Je te fais tout tout tout absolument tout, mon adorée, je te prends toute » (*ibid, 13 janvier 1915*). Ces lettres de Gui à Lou sont érotiques mais nullement pornographiques car seulement destinées à la femme aimée. C'est l'intrusion de l'intimité érotique dans le domaine public que l'on nomme *pornographie*.

La tempête apaisée, la lettre d'un homme parle toujours du corps de la femme mais s'attache essentiellement à un détail qui retient toute son attention : les mains de Gabrielle pour Henri IV, les yeux de Juliette Récamier pour Benjamin

Constant, les seins de Marie-Louise pour Voltaire, les fesses de Lou pour Apollinaire... Ce sont encore mille détails qui fixent l'attention amoureuse de l'homme à la femme par une relation quasi-hypnotique d'ordre fétichiste. L'homme s'attache à un détail de la femme aimée tandis que les femmes prennent l'homme dans son entier. Darian Leader insiste sur cette particularité de l'amour masculin que Freud avait déjà relevée : «... dès qu'un homme aborde une femme, il est sous l'empire du détail – ce qui le rend bête (...). Il est donc certain que le détail est une condition d'amour de l'homme. »

Ce petit détail nécessaire à l'amour tourne à l'obsession quand le désir se fétichise : « Hier par exemple, j'avais l'obsession d'une caresse que j'avais l'habitude de te faire, d'une caresse qui me plaisait beaucoup (...) Je voyais sans cesse la partie de ton corps désirée et je sentais en elle un frémissement incessant, une surexcitation nerveuse intolérable » (*Gabriele à Barbara, 1er avril 1891*).

Le même marquis de Sade qui affichait déjà son fétichisme pervers à propos du « vieux linge sale » de sa femme, enrichit ses *fantaisies* épistolaires par l'appropriation des parties du corps de son épouse : « Si, par une voie aussi courte et aussi facile, il m'était possible de me procurer tout plein de choses de toi, bientôt dévorées, si je les tenais (...) comme je dirais : Donnez, donnez, Monsieur, cela vient de celle que j'adore ! Je respirerai les atomes de sa vie ; ils enflammeront le fluide qui coule dans mes nerfs ... » (*Donatien à Madame de Sade, 1783*).

Mais dans ce domaine du détail amoureux, c'est Flaubert qui nous donne la meilleure leçon de fétichisme avec les pantoufles de Louise. Elles reviennent à plusieurs reprises dans la correspondance et renvoient certainement à un souvenir plus ancien puisqu'il vivra cette même obsession avec une autre maîtresse : Tes petites pantoufles sont là pendant que je t'écris, je les ai sous les yeux, je les regarde (...) Rêveras-tu à chaque lettre, à chaque signe de l'écriture, comme moi en regardant tes petites pantoufles brunes. Je songe aux mouvements de ton pied quand il les emplissait et qu'elles étaient chaudes » (*Gustave à Louise, 4 août 1846*). « Quand le soir est venu, que je suis seul, bien sûr de n'être pas dérangé et qu'autour de moi tout le monde dort, j'ouvre le tiroir de l'étagère (...) et j'en tire mes reliques que je m'étale sur ma table – les petites pantoufles d'abord – le mouchoir – tes cheveux – le sachet où sont tes lettres... » (*ibid, 23 août 1846*). On retrouve cette obsession treize ans plus tard, dans une lettre à Jeanne de Tourbet datée du 8 octobre 1859 qu'il termine ainsi : « Je me précipite sous la semelle de vos pantoufles. »

Les femmes parlent de leur corps lorsque ce corps est désiré par l'homme mais elles ne parlent pas de celui de l'homme qui les aveugle trop par le manque qu'elles en perçoivent. Elles parlent alors d'un corps-objet que l'amant révèle à lui-même. Elles ne parlent pas du corps mais plutôt de la façon dont les gestes de l'homme font naître ce corps à l'amour. Marie-Élizabeth Joly, la maîtresse de Fabre d'Églantine, propose à son amoureux un jeu érotique pour être avec lui en pensées : « Il faut que je te conte comment tu possèdes le cher gage d'amour, la petite toison, et tu verras bien que tu ne sors jamais de ma pensée. » Elle lui raconte comment elle a subtilisé à son mari la toison pubienne qu'il venait de lui couper et qu'elle joint à son courrier : « Pourquoi ne puis-je te couvrir de baisers brûlants ! Ah Dieu cette idée me transporte (...) Tiens il me semble, à présent, que tu baises la petite toison ! Couvre-la de tout toi-même. Mais, bien aimé, tu pourrais aussi me faire le même cadeau (...) Oh ! oui, oui, cette idée me ravit. Je voudrais déjà le tenir ce petit bouquet d'amour » (*Marie-Élizabeth à Philippe, 1788-1789, slnd*).

La lettre est beaucoup plus qu'un substitut du corps, elle est le corps même de l'amant. elle est la main agissante qui permet à Clémentine, aimée de Stendhal, de nommer fugacement ce corps qui n'existe qu'à la lumière des caresses qui le font vivre : « Ta petite lettre de samedi m'a fait éprou-ver un frémissement semblable à celui que me cause ta jolie main quand elle est en promenade sur mon vieux cuir ; tu devrais me les prodiguer plus souvent » (*Clémentine à Henri, 10 août 1824*). La lettre des femmes dit à l'homme combien et comment agit son corps et lui assure en retour la permanence de la pensée. Et il n'est guère étonnant qu'ils ne se rencontrent pas toujours au cache-cache de l'amour.

Enfin très rares sont les femmes qui parlent directement du corps de l'homme, comme le ferait un homme du corps de la femme. Ce sont plutôt des femmes dominantes, des femmes libres dans leur époque et en rupture avec leur temps, des femmes novatrices, des femmes phalliques. C'est par exemple Simone de Beauvoir qui esquisse le corps de Nelson Algren dans une seule lettre de la longue correspondance à son *Amour transatlantique* : «... vous me manquez, vous savez, vos lèvres me manquent, vos mains, tout votre corps chaud et fort, votre visage et vos sourires, votre voix, vous me manquez durement » (*Simone à Nelson, 23 mai 1947*).

À quelques exceptions près, le corps de l'homme est réellement absent des lettres des femmes : « L'amoureuse est en effet bien plus préoccupée de son corps à elle que du corps de l'homme », nous rappelle Évelyne Sullerot dans ses *Huit siècles d'écrits féminins*, « elle n'est pas contemplative de l'objet aimé ou très rarement ». La femme amoureuse a cependant besoin de l'homme, besoin qu'il lui parle d'elle, qu'il lui parle de son apparence, qu'il la décrive dans son entier parce qu'il lui manque cet essentiel que lui possède : le pénis. Et en décrivant le corps de la femme aimée, l'homme comble en partie ce manque puisqu'il la décrit comme une complétude. C'est ainsi que *l'homme crée la femme dans le moment de l'amour*.

La psychanalyse nous permet de comprendre que la femme ne pourrait décrire ce qui est, qu'au risque d'enlever l'essentiel, ce pénis qu'elle ne possède pas, et ainsi de défaire la construction masculine. Elle serait alors castratrice. C'est certainement ce rapport au manque symbolique qui fonde la différence si manifeste de l'expression du corps de l'autre dans les écrits amoureux.

L'AMOUR SENTIMENT

« Adieu, très tendre ami : tu sais si je t'aime ; je voudrais te dire beaucoup de choses, mais les plumes n'ont pas le pouvoir d'exprimer ce que je sens... l'amour véritable et vivant n'a d'expression que le silence : je me tais » (*Marie à Roland, 1779*). Marie Philipon a 25 ans lorsqu'elle exprime ainsi son amour à Roland de la Platière dont elle deviendra l'épouse. Elle fut très connue à son époque comme mémorialiste sous le nom de Madame Roland. Là où un homme parle, désire et demande, Marie suggère ses sentiments et se tait. Le silence et l'attente ont pour nom *l'absence* et pour fonction *le désir*.

« Mon amour, mon amour, je ris, je vis... Je suis en plein milieu du monde, en plein milieu de toi, en plein milieu du ciel et du soleil, un puits, une absence, et tu me combles, heureuse de me taire » (*Mireille Sorgue, 22 avril 1963*). La femme amoureuse choisit de se taire pour laisser s'exprimer le désir de l'homme, mais plus sûrement pour laisser à l'homme le temps de la deviner.

Car le véritable enjeu de l'amour est cette part incommunicable entre les hommes et les femmes. La part féminine, c'est le ressenti intérieur, la plénitude du sentiment qui envahit l'esprit et emplit le corps au plus intime : « Je voudrais trouver une manière nouvelle de te dire mon amour, mais je n'en connais pas. Je ne puis donc que te répéter avec les mêmes mots le même sentiment exclusif, ardent, admiratif et passionné que j'éprouve depuis bientôt douze ans... » (*Juliette à Victor, 28 novembre 1844*).

Tant de femmes ont ainsi témoigné ce sentiment indicible : « Ce qui peut se dire, ce qui peut s'écrire sur vous ne rendra jamais cette délicieuse harmonie de tout votre être qui me faisait trouver tant d'enchantement dans votre amitié » (*Germaine à Pedro*). Madame de Staël n'en finit pas de décrire ses sentiments tant elle sait qu'elle ne peut totalement les traduire : « Entendez ce langage qu'aucune femme ne vous a tenu, qu'aucune femme ne vous tiendra et dont les derniers mots sont prononcés avec un cœur déchiré si vous pouviez ne pas remplir vos promesses » (*Germaine de Staël, 19 juin 1805*).

À l'amour de sa vie, Sophie de Condorcet délivre le même message : « Je ne peux donc taire mes sentiments. Je t'écris ceci malgré moi, mais comment t'écrire sans te parler de ce que je sens ! » (*Sophie à Maillia, Quinzième lettre*). « Je ne dis rien à la légère », ajoute Louise-Adélaïde de Bourbon-Condé dans une lettre au marquis de la Gervaisais, le 9 septembre 1786, « je pourrais peut-être parler à mon ami avec plus d'énergie : mais s'il pouvait savoir comme chaque mot que j'emploie est senti, il verrait que mes expressions simples valent les plus énergiques ».

Chaque femme amoureuse complète à sa manière le vécu des sentiments : « Oh ! Mon cher Franz ! laissez-moi vous le dire encore une fois dans toute l'effusion de mon âme, vous y avez fait naître un sentiment profond, inaltérable, qui survivrait à tous les autres en supposant que les autres pussent l'altérer... » (*Marie à Franz, 23 octobre 1839*).

Le langage féminin s'attache à la qualité des caractères, à leur échange pour former des sentiments et s'inscrit dans la continuité : « Je suis la princesse Constante et je vis sensible pour tout ce qui vous touche », confirme la seule lettre que nous connaissons de Gabrielle d'Estrées à Henri IV, en février 1593. La femme désire alors que l'homme aimé emprunte la même voie et se représente les sentiments avec une sensibilité féminine : « Sois heureux... Mais garde-moi dans un petit coin secret de ton cœur, et descends-y dans tes jours de *tristesse* pour y trouver une consolation ou un encouragement » (*George à Alfred, 12 mai 1834*).

La lettre est le lieu des confidences et des déclarations. Les hommes y disent leur désir, tandis que les femmes déclarent leur amour : « Je cède aux besoins de mon cœur, mon ami : je vous aime », écrit Julie de Lespinasse à Guibert en 1774. « À ce soir, bien aimé, à ce soir... Mon Dieu ! comme je t'aime », clame Marie-Élizabeth à Philippe dans l'exaltation de leur amour révolutionnaire. « Je tiens à vous dire combien je l'ai aimé votre livre, et que vous aussi je vous aime beaucoup. Vous l'avez deviné, je crois, bien que nous ayons si peu parlé » (*Simone à Nelson, 23 février 1947*). « Monsieur

Victor, viens me chercher ce soir chez Madame K. Je t'aimerai jusque-là, pour prendre patience. À ce soir. Oh ! ce soir ce sera tout. Je me donnerai à toi tout entière », déclare Juliette à Victor le soir du 16 juillet 1833. C'est encore une lettre de Marie Laurencin sur une carte postale d'Épinal représentant un chat botté, carte qui lui permet de jouer sur les mots : « Botté, d'Épinal ou d'ailleurs, je pense à toi mon A., je t'aime... je t'aime, tu sais. »

Pourquoi les hommes se confient-ils si peu, et si peu à la lettre pour déclarer leurs sentiments ? Peut-être craignent-ils de se découvrir et se protègent-ils ainsi en parlant de leur désir et du corps de la femme qu'ils aiment. Les lettres des femmes explorent la passion amoureuse, nous en font comprendre toutes les subtilités, les ressorts souterrains, les mécanismes de la tendresse, les circonstances de l'amour.

Un malentendu s'ébauche alors entre la femme amoureuse qui désire des preuves tendres de cet amour et l'homme qui ne sait exprimer ses sentiments : « Je te donne des témoignages de la plus vive tendresse, du plus tendre attachement, s'insurge Mélanie Guilbert. Je t'en ai même donné des preuves incontestables, et à tout cela tu ne me réponds que des lettres vagues, tu me dis que tu m'aimes toujours et que je le verrai bien dans quinze jours... » (*Mélanie à Henri, 10 juin 1806*).

Mélanie reproche à Stendhal son absence d'amour au sens de la tendresse. Lui, l'homme Stendhal, offre des actes là où elle désire des sentiments : « Ce qui veut dire que tu me feras beaucoup de caresses, de protestations, que tu seras bien aise de me voir, etc. » (*op. cit.*). Mélanie lui signifie alors qu'il ne comprend pas les sentiments et les attentes d'une femme : « Je vois que tu ne peux connaître mon cœur » (*Mélanie, op. cit.*).

« Mon ami, vous n'êtes pas fait pour l'intimité, renchérit Julie de Lespinasse à l'encontre de Guibert (...). La confiance, la tendresse, cet oubli de soi et de tout amour-propre, tous ces liens sentis et appréciés par une âme tendre et passionnée, éteignent et engourdissent la vôtre. » Le registre de la tendresse est au cœur de l'intimité féminine, au-delà de la passion et de la réalité charnelle. Rejoignez-moi là où je suis, semble dire Julie à Guibert.

À l'opposé, l'homme tendre comprend sa bien-aimée : «... vous avez toujours lu dans mon cœur, écrit Émilie du Châtelet à Jean-François de Saint-Lambert le 1er septembre 1748. Je veux toujours que vous y lisiez, que ne pouvez-vous voir à présent ce qui s'y passe, combien je vous adore, avec quelle impatience et quelle ardeur je désire me rejoindre à vous ». Malgré l'absence de preuves d'amour, Sophie de Condorcet espère toujours avoir été comprise : « Adieu, dit-elle à Maillia,

Pense à moi dans cette chambre où nous nous reverrons... où ma pensée va te chercher, où j'espère que la tienne me voit » (*Troisième lettre*). La lettre est le lieu d'une rencontre en esprit. Sophie parle de la chambre d'amour et n'évoque pas une fois les corps enlacés mais les pensées amoureuses personnifiées à qui l'on prête des intentions. La lettre d'une femme n'a nullement besoin de parler des corps qui sont absents par leur présence même : « Dieu le sait, jamais je n'ai cherché en toi que toi-même. C'est toi seul que je désirais, non ce qui t'appartenait ou ce que tu représentes » (*Héloïse à Abélard*).

L'expression de la passion se déplace ainsi de la chair à l'esprit, du désir à l'amour fort, cette sublimation des sentiments que vit pleinement une femme amoureuse, parfois rejointe par l'homme de son cœur : «... le jour où tu m'as dit pour la première fois : je t'aime, à ce moment-là j'avais peur de n'être pas assez belle pour tes baisers, aujourd'hui je crains de n'être pas assez ange pour ton amour » (*Juliette à Victor, 21 mai 1866*). Juliette, femme s'il en est, répond à l'amour par l'amour, belle pour les baisers, ange pour l'aimé. Car « cet homme que j'aime n'a pas de nom encore (...). Il n'a pas de nom autre que mon amour, autre que mon silence, et l'écho du silence à nul autre perceptible » (*Mireille Sorgue, 30 avril 1963*). Au-delà de *l'Amant*, la femme s'adresse à l'homme universel et à l'amour absolu, le nom de cet amant et l'apparence des corps n'en sont qu'un passage obligé.

Si la passion prend naissance dans l'embrasement des corps, elle s'accomplit avec la rencontre de l'autre en chair ou en esprit. La lettre d'amour nous dit combien la tendresse est le lieu d'élection de l'amour féminin et combien le fait de dire les sentiments et de parler des circonstances de l'amour est, pour une femme, preuve du plus grand intérêt.

MALENTENDUS

Les lettres des hommes et des femmes trahissent un registre sentimental différent que le langage porte dans sa proximité ou ses malentendus. « Que deux êtres soient différents, vous disiez l'autre soir que c'est un grand mystère. Je répondrais que c'est un grand délice. Mais notre différence ne nous apprendra rien ; et je viens vers vous pour apprendre quelque chose » (*Catherine à Paul, 29 juin 1920*). La rencontre se fera dans cet autre de l'autre qui transcende la différence des sexes. La réalité de l'amour au quotidien est trop souvent entachée de malentendus, de mots incompris, de registres différents et comme inaccessibles à l'autre. C'est alors l'altérité dans sa dimension d'incompréhension : « J'attache à ce mot (amour) bien d'autres idées que vous ; j'ai bien peur qu'en disant les mêmes choses, nous ne nous entendions pas » (*Émilie à Jean-François, mai 1748*).

Le malentendu est profond, fréquent, et presque permanent dans les acceptions du mot *amour* : « Qu'avez-vous plus à désirer ? demande Madame d'Épinay à Monsieur de Francueil, son amant. Et puis-je vous aimer davantage, quand même j'aurais pour vous ce que vous appelez amour, au lieu de ce que j'appelle amitié ? » (*17 avril 1749*).

Désir, amour, amitié engendrent des représentations si différentes qu'elles sont parmi les sources les plus fréquentes du malentendu. *Amour* au féminin peut être pris pour *désir* au masculin tandis que *désir* au masculin n'est que rarement pris pour *amour* au féminin. Les armes de la séduction ont une toute autre valeur selon les sexes et leur façon de les utiliser : « Hier vous m'avez reproché de ne pas vous aimer, répond Julie Talma à Benjamin Constant. (...) Je pense à vos moyens de séduction dont je ne fais que rire, homme absurde ! Tout ce qui n'est pas vous vaudra-t-il jamais ? Et ne savez-vous pas qu'on ne peut séduire celles qu'on a charmées ? Mais c'est séduire que vous voulez... Vous voyez bien que je ne vous aime plus » (*Julie à Benjamin, 1799*).

Les degrés du sentiment sont autant d'arcanes féminins souvent obscurs pour l'âme masculine. Les mots eux-mêmes seront des prétextes de la mésentente et Balzac se sent obligé de faire une explication de texte : « Je suis dans le plus grand étonnement pour cet article du mépris. Avez-vous bien pesé ce qu'il voulait dire ? Il signifie que vous vous estimez bien peu en pensant qu'en vous donnant à moi vous seriez avilie, tandis que dans mon idée, je crois que nous en serions, en quelque sorte, honorés l'un et l'autre » (*Honoré à Laure, janvier 1822*). Flaubert ressent la même incompréhension. Quand il parle à Louise de son désir – qu'il appelle *penser à toi* –, elle l'entraîne sur un autre registre : « Aujourd'hui je n'ai fait que penser à toi... J'ai songé au tressaillement que j'ai éprouvé à Mantes quand j'ai senti dans le lit ta cuisse sur mon ventre et ta taille dans mes bras (...) mais tu ne veux plus que je parle de tout cela... » (*Gustave à Louise, 23 octobre 1846*).

Apollinaire dénoue intelligemment l'écheveau de l'amour et de l'amitié en évitant l'hypocrisie. Reconnaissons les différences, semble-t-il dire, fais-toi homme pour rencontrer mon désir : « ...Je continuerai à être ami puisque tu le veux ainsi, un point c'est tout... Enfin tu es drôlement faite que tu ne peux réagir virilement... Quand on est femme, il faut savoir être homme à l'occasion »

(*Gui à Lou, 18 mai 1845*). Demander à une femme d'être homme, c'est comme demander à un homme de se souvenir des circonstances de l'amour ou encore à une femme de les oublier. C'est certainement un rapport autre à la mémoire qui fait nos différences sexuées et qu'on néglige souvent, fût-on Liszt : « Marie, le jour que vous pourrez me dire de toute votre âme : Franz, effaçons, oublions, pardonnons à jamais ce qu'il y a d'incomplet, d'affligeant et de misérable peut-être dans le passé ; soyons tout l'un à l'autre... ce jour-là (et que ce soit bientôt), nous vivrons... » (*Franz à Marie, octobre 1834*).

Le propos de la lettre d'amour est certainement, avant toute chose, d'affirmer nos différences. La lettre d'un homme n'est pas la lettre d'une femme. Cette apparente typologie qui peut paraître simpliste – ou même sexiste – n'est que la réalité de l'amour qu'il faut aborder sans complexe pour mieux comprendre l'identité sexuée de la lettre d'amour. Nier ou négliger ces différences aboutit toujours à les sous-estimer. Le psychanalyste anglais Darian Leader a montré combien l'étude de ces stéréotypies permet au contraire de lever des idées fausses pour reconnaître les réalités. C'est certainement Évelyne Sullerot, la première, qui a insisté sur les traits marquants des écrits masculins et féminins en remarquant combien de supercheries littéraires ont été reconnues sur ce simple critère qui peut sembler très subjectif : paraître masculines ou féminines. C'est ainsi que Verdun Saulnier identifia Guilleragues comme l'auteur des *Lettres de la religieuse portugaise* qui ne pouvait, selon lui, avoir été écrites par une femme. La même intuition fait douter Évelyne Sullerot. Pour elle, les écrits de Jeanne Flore ne sont pas de Jeanne Gaillarde, l'amie de Clément Marot : « Pourtant quelque chose en moi continue de me souffler que ses écrits ne sont point d'une femme. Sa manière est trop gaillarde, justement, cette prééminence accordée aux besoins sexuels et surtout cette dénonciation pleine d'entrain et de méchanceté des déchéances entraînées par l'abstinence m'apparaissent typiquement masculines. »

Le rapport au langage semble l'un des critères les plus manifestes de cette différence : déclaration explicite pour les hommes, plutôt implicite et intuitive pour les femmes. Cette stéréotypie n'en est pas une, elle est identité. Benjamin Constant dit combien il ne peut pas ne pas dire, tandis que Marie sait ce que silence veut dire : « Il est quatre heures du matin : je devrais me coucher au lieu d'écrire, mais je ne le puis. Il y a trois heures que je vous ai quittée. Je n'ai pensé qu'à vous, je ne puis pas ne pas vous le dire » (*Benjamin à Jeanne,*

3 septembre 1814). « (...) l'amour véritable et vivant n'a d'expression que le silence : je me tais » (*Marie à Roland, 1779*). Le silence féminin reste souvent une énigme pour les hommes qui ont à entendre le langage implicite d'un désir autre que le leur. Marie-Catherine Desjardins regrette ainsi de ne pouvoir bien faire comprendre ses sentiments, « ce sont là les pensées qui me font souvent garder le silence (...) avouez que je ne vous aime jamais tant que lorsque je ne vous le dis pas ».

Ce silence amoureux s'accompagne du désir d'être entendue donc d'être devinée, d'être surprise là où elle n'est pas, comme au jeu de cache-cache : « Adieu... Devinez ce que j'éprouve en vous disant : à ce soir ! Il faudra me rendre compte de tout cela, pour voir un peu si nous serons d'accord dans l'avenir » (*Marceline Desbordes à Valmore, 1817*). Ce silence non-dit de l'être aimé préfigure l'absence, entretient le désir et apparaît comme signifiant pour les femmes qui expriment de l'émotion et espèrent ainsi être entendues. Mais ce silence n'est pas signifiant pour les hommes qui n'y voient qu'une absence dans leur nécessité de remplir le vide et dans leur impossibilité à contenir le désir : « Adieu, trésor de joie, adieu. Pourquoi me laissez-vous des pages blanches dans vos lettres ! Mais laissez, laissez, rien de forcé. Ce blanc, moi je le remplis. Je me dis que votre bras a passé là, et je baise le blanc ! » (*Honoré à Eve, 9 septembre 1833*). Les hommes et les femmes sont des pages noires de signes et blanches de désir. Il leur faut apprendre à lire.

II

À QUOI SERT LA LETTRE D'AMOUR ?

Sur les brouillons minutieux de ses lettres amoureuses, Stendhal consignait ses états d'âme. Le 15 août 1819, dans une réponse à Matilde, il s'interroge sur la lettre qu'il vient de recevoir : « Analyse de la lettre. Il s'agissait de dire avec le plus de pudeur possible : "je t'aime ; ne pouvant te voir, je voudrais t'écrire ; voilà mon adresse" Que désire-t-elle ? Être aimée ardemment. En deuxième lieu, le pouvoir de m'écrire en offensant aussi peu que possible sa fierté. Que lui dire dans ma réponse ? Lui prouver mon amour au commencement. La supplier ensuite de m'écrire encore. Le tout en style passionné... »

Cette analyse contient la plupart des fonctions de la lettre d'amour : formuler l'absence, exprimer le désir, dire la souffrance amoureuse, être avec et dans l'autre, être l'amour lui-même, être la parole de l'amour.

FORMULER L'ABSENCE

La première fonction de la lettre d'amour est de signifier l'absence de l'être aimé. On n'écrit pas à un présent. Une femme, plutôt qu'un homme, pourra cependant écrire une longue lettre à son compagnon pour signifier, et stimuler le désir entre eux. Elle se justifiera alors en disant : « Je t'ai écrit cette lettre parce que je ne savais pas comment te le dire, parce que je ne pouvais pas te parler. » Le désir sera d'ailleurs absent de cette lettre puisque c'est la lettre elle-même qui est désir et par là signifiant l'éloignement et l'absence, ce vide dans lequel s'engouffre l'imagination pour y précéder le partenaire imaginaire.

Premier subterfuge pour créer de la distance et faire naître le désir : le passage du tutoiement au vouvoiement. Dans son rapport souvent très étroit au désir physique, l'homme y voit une marque de déférence et d'éloignement, tandis que les femmes y trouvent plutôt un objet de jouissance : « Je n'ai pas passé un jour sans t'aimer !, clame Napoléon à Joséphine, (…) et cependant dans ta lettre du 26 ventôse, tu me traites de *vous*. Vous toi-même. Ah ! mauvaise ! Comment as-tu pu écrire cette lettre ? qu'elle est froide ! » (*10 germinal*). Flaubert renchérit : « Ah, tu as refusé mon baiser d'adieu. Prendras-tu mon baiser de retour bientôt ? M'appelleras-tu encore *vous* ? » (*Gustave à*

Louise, 13 novembre 1846). Quelques mois plus tard, Flaubert précise qu'il ne peut accepter cette distance, qu'il lui faut la proximité charnelle du tutoiement : « Mon *vous* n'exprime pas aussi bien ce que je sens pour toi, que *tu*. Je te tutoie donc, car j'ai pour toi un sentiment spécial et particulier auquel en vain je cherche un nom juste sans le pouvoir trouver » (*11 juin 1847*).

Les modalités du vécu de l'absence sont infinies, du pincement au cœur à la suspension du temps, à la souffrance extrême, au désespoir, au désir de la mort chez l'homme amoureux qui réagit de façon compulsive en multipliant les courriers, en tentant de combler l'espace qui le sépare de la femme aimée. Les modalités de l'absence sont autres pour les femmes avec le développement du sentiment amoureux mais aussi un sentiment de solitude et d'absence douloureuse.

La lettre des hommes

L'homme amoureux éloigné de la femme qu'il aime écrirait sans cesse pour abolir la distance et le temps. C'est Henri IV dans ses lettres à Gabrielle d'Estrées : « Mon bel Ange, si à toutes heures m'était permis de vous importuner de la mémoire de votre sujet, je crois que la fin de chaque lettre serait le commencement d'une autre. Ainsi incessamment je vous entretiendrais, puisque l'absence me prive de le faire autrement » (*26 février 1593*). C'est Chateaubriand à Madame Récamier : « Je vous écrirai tous les jours. Vous m'écrirez pour me consoler et me soutenir. J'en ai, je vous assure, grand besoin » (*2 janvier 1823*). C'est encore Flaubert à Louise : « Si je pouvais chaque matin ton réveil serait parfumé par une page embaumée d'amour » (*27 août 1846*). Et Apollinaire à Lou : «... avant tout je t'admire et te remercie pour la façon gentille et charmante dont tu tiens tes engagements en m'écrivant chaque jour ayant tant à faire et ne m'aimant pas... » (*18 mai 1915*). Sade est plus directif – c'est dans son caractère –, mais pour signifier la même chose : « Ne fais pas tarder ta réponse si tu as envie de me voir. Je compte les jours. Tâche que je la reçoive bien exactement et que je trouve les moyens de te voir en arrivant. Aime-moi toujours ; sois-moi fidèle si tu ne veux pas me voir mourir de douleur (...) Je te jure que nous ne serons jamais l'un qu'à l'autre » (*Donatien à Laure, 6 avril 1763*).

Le manque est ressenti comme un vide, comme une absence physique et non comme une présence fantasmée. L'absence est alors insupportable : « En vérité, je ne saurais m'accoutumer de ton absence. Il n'y a pas quarante-huit heures que je suis séparé de toi et ce peu d'instant me paraît déjà un siècle »

(*Grimod de la Reynière à Madame Feuchère, 10 juin 1792*). « Il me semble déjà qu'il y a un siècle que je ne t'ai vue, chère Consolatrice » (*Eugène à Joséphine, 1er juillet 1844*). « Mon seul chagrin vient de votre absence. Je n'aime que vous » (*François à Marie-Louise, 9 décembre 1745*). « Si tu savais comme mes jours sont longs et comme mes nuits sont froides... » (*Gustave à Louise, 24 août 1846*).

Lorsque aucune lettre ne vient meubler l'absence, se réveille le dépit, la colère ou la résignation : « J'attendais à tous les courriers une petite lettre de cette ingrate... Mais rien. Le silence de la mort... Quand donc une petite lettre me consolera-t-elle ? » (*Henri à Angeline, 15 octobre 1812*). « Tu ne sauras te figurer les idées noires que me donne ton silence... Ne voyant pas de lettre hier, j'en espérais une ce matin... mais non » (*Henri à Clémentine, 24 juin 1824*). « Mon George chéri... Je suis parti de Milan sans avoir trouvé de lettre de toi à la poste... Je t'en prie... Je la veux n'eût-elle que deux lignes. Écris-moi à Paris, mon amie... » (*Alfred à George, 4 avril 1834*).

Le flux continu de la lettre d'amour est un fantasme que bien des amants tentent de réaliser malgré les aléas de la poste afin de rétablir l'illusion de la présence : « Ma chérie, écris-moi des lettres bien longues et continue à laisser couler ta plume au fil de ta rêverie » (*Anatole France à*

Madame de Caillavet, 6 août 1888). « Écris-moi
donc au moins tes sentiments, tes idées, tes actions
de tous les jours » (*Alfred à Augusta, 15 septembre
1861*).

L'absence vécue comme un abandon occupe
toute la pensée et inhibe l'action. « Savez-vous ce
qui m'est arrivé hier ? Eh bien, je n'ai pas pu travailler un seul instant. En m'éveillant, ma première
pensée a été pour vous ma bien aimée... ensuite
il ne m'a pas été possible d'avoir une autre pensée... Incapable d'écrire ou de lire, de fixer mon
attention sur un autre objet... » (*Léon à Jeanne,
1889*). « Ah ! que le temps semble long depuis que
vous êtes partie ! Et il n'y a que cinq heures et
demie ! Que vais-je faire pendant ces quarante mor-
telles journées ? » (*Henri à Matilde, 12 mai 1819*).
« Chère Brenda, ces deux derniers jours, aucune
lettre de vous : c'est comme voir un trou noir sans
fond dans un ciel entièrement bleu » (*Henry à
Brenda, 19 août 1976*). Seule une nouvelle lettre
annonce le retour de la vie : « Je venais de poser une
pile de courrier sur mon bureau – quel tas ! Terrible, cette fois ! Puis j'ai trouvé la tienne et j'ai
repris connaissance » (*op. cit., 25 mars 1977*).

L'absence qui se prolonge devient insupportable, douloureuse, délirante. Les traits de la
personnalité se réveillent. La jalousie, l'agressivité, les reproches émaillent les lettres à l'absent.

C'est plus souvent la tonalité des lettres des hommes : « Oh Dieu ! comme je maudis en cet instant l'impuissance de la plume et l'inexorable *distance* entre nous ! » (*Edgar à Helen, 18 octobre 1848*). « Mon amie, quelle horrible absence ! sept mois sans te voir ; le conçois-tu, sept mois entiers sans revoir tes traits chéris, sans entendre un seul son de ta voix » (*Talma à Pauline, 30 septembre 1812*). Cette progression de la douleur morale est manifeste dans les lettres des hommes qui supportent mal l'absence et n'ont d'autre recours que l'angoisse et la mélancolie : « Vous ne m'aimez pas, sinon vous ne m'auriez pas imposé la torture de huit jours de silence, huit jours de terrible incertitude » (*Edgar à Helen, 18 octobre 1848*).

L'absence, qui permet plus souvent aux femmes de prendre conscience de leur désir, est cruellement vécue, comme un abandon, par l'homme amoureux confronté à la symbolique de la castration et qui a plus de difficulté à se représenter le manque : « Mon imagination fatiguée commence à se refuser à des images qui, désormais, sont trop liées avec l'affreuse idée de votre absence, et je sens que tous les jours mon cœur devient plus sombre » (*Henri à Matilde, 16 novembre 1818*). La séparation d'avec l'être aimé est inconcevable, la douleur est extrême. Chateaubriand témoigne par exemple de son incapacité à accepter l'éloignement. Il dit sa douleur, elle est violence, elle est même folie : « Je suis, je vous assure, à moitié fou... L'idée de vous quitter me tue... Au nom du ciel ne partez pas ! Que je vous voie encore une fois » (*François à Delphine, mai 1803*).

La distance et l'absence de réponse ou l'irrégularité du courrier sont vite insupportables à cet homme qui dénonce le soliloque dans lequel il est assigné : « Au nom du ciel, ne me replongez pas dans des preuves d'indifférence, dans l'effroyable angoisse dans laquelle je suis prêt à retomber » (*Benjamin à Juliette, janvier 1815*). À la même Madame Récamier, c'est Chateaubriand qui nous confirme que la lettre est une part charnelle de l'être aimé, qu'elle est une marque réelle de sa présence : « Écrivez-moi, que je voie au moins quelque chose qui vienne de vous ! » (*sl, Ce samedi matin*).

L'homme en souffrance semble alors prêt à tout accepter pour réveiller la passion de l'être aimé. Dans ses interminables lettres-suppliques, Edgar Poe tente d'émouvoir Helen Whitman en s'identifiant à ses désirs : « À vos pieds, si tel était votre désir, je me dépouillerais à jamais du moindre désir humain et me vêtirais de la gloire d'une affection pure, paisible et *peu exigeante*. Je vous réconforterais, vous apaiserais, vous tranquilliserais. Mon amour – ma foi – insufflerait dans votre cœur un calme surnaturel » (*1er octobre 1848*).

Devant la poursuite du silence, l'absence de réponse, la mort apparaît comme seule alternative, la passion se révèle être une problématique de vie ou de mort : « Je vous répète que mon cœur est brisé, que ma vie n'a plus de sens, que je n'ai absolument aucun désir sinon de mourir » (*Edgar à Sarah, 18 octobre 1848*). La mort seule permet d'interrompre la souffrance de l'absence mais elle est aussi une dernière tentative d'émouvoir, de toucher, de ranimer les sentiments, comme Nerval dans ses lettres à Jenny Colon : « Mourir, grand Dieu ! Pourquoi cette idée me revient-elle à tous propos, comme s'il n'y avait que ma mort, qui fût l'équivalent du bonheur que vous promettez : la Mort ! » (*Gérard à Jenny, lettre V*). « Vous serez bien avancée quand vous m'aurez fait mourir ! Que diriez-vous, si j'allais me tuer… comme D…! » *(op. cit., lettre XX).*

L'amant est maintenant seul, la correspondance se poursuit, souvent sans réponse, avec toujours ce cri de détresse réclamant la lettre pour combler le manque qui n'est plus désir mais souffrance. Dans le désespoir de la fin de leur liaison, en 1834, Musset supplie George Sand de lui donner un dernier témoignage de sa présence. Il lui demande de sortir au soleil couchant, seule sous un saule vert, de relire ses lettres, « et puis rentre chez toi, doucement allume ta lampe, prends ta plume, donne une heure à ton pauvre ami (...) mais que j'aie cette lettre, je me meurs, adieu ! » (*Baden, 1er septembre 1834*).

Le paroxysme du soliloque et de l'obstination à maintenir un lien qui n'existe plus depuis long-temps, apparaît encore dans l'émouvante lettre de d'Alembert à « Vous qui ne pouvez plus m'entendre », au lendemain de la mort de Julie : « Mais pourquoi vous parler de la solitude où je me vois depuis que vous n'êtes plus ! Ah mon injuste et cruelle amie, il n'a pas tenu à vous que cette solitude accablante n'ait commencé pour moi dans le temps où vous existiez encore. » Julie vient de mourir, d'Alembert découvre qu'elle en aimait un autre, mais ne peut faire le deuil de l'amour de sa vie. Il lui reste la lettre comme seul lien possible avec la disparue, cette dernière lettre d'amour, impossible à envoyer, qu'il adresse « Aux mânes de Mademoiselle de Lespinasse », pour prolonger l'illusion de la présence. La lettre transcende ici l'absence et même la mort en permettant de poursuivre le lien imaginaire et charnel qui unit deux êtres qui s'écrivent.

Au paroxysme de la douleur et de l'absence surgit la lettre d'adieu qui tente, elle aussi, d'interrompre la souffrance mais qui reste un dernier témoignage de la présence de l'autre par le simple fait de la lettre reçue. Cette lettre, masculine, est un adieu-regret, un adieu-dépit, elle est rarement une lettre de rupture. À la lecture de la littérature amoureuse, il semble que les lettres de rupture soient presque exclusivement féminines, les hommes se retranchant dans le silence et l'absence de réponse lorsqu'ils ne veulent pas assumer la décision de la rupture, dans l'adieu-regret lorsqu'ils cherchent encore à émouvoir par une dernière tentative. Cela laisserait à penser que les femmes sont mieux capables de faire le deuil de la relation amoureuse ou plutôt que le deuil est déjà fait lors de la rupture, c'est-à-dire que les hommes sont souvent moins conscients de l'évolution du sentiment amoureux et plus aveugles de la réalité féminine.

Musset, qui n'en finit pas de supplier George de l'aimer à nouveau, ne peut que prendre acte d'une rupture qui semble déjà accomplie : « Madame Sand, Quitte-moi, toi, si tu veux. Tant que tu m'aimeras, c'est de la folie, je n'en aurai jamais la force » (*janvier 1835*). Montesquieu est plus mélancolique, il prend acte de la fin de sa relation avec la duchesse d'Aiguillon et décide d'interrompre son courrier amoureux : « Ce sera la dernière lettre dont je t'accablerai, je ne te demande qu'une grâce qui est de croire que je t'aime encore » (*La Brède, 1725*).

Nous recevrons, vous, mes lettres, moi, les vôtres, deux à deux ; c'est une affaire arrangée. Combien d'autres plaisirs qui s'accroissent par l'impatience et le délai ? Éloigner nos jouissances, souvent c'est nous servir. Faire attendre le bonheur, c'est ménager à son ami une perspective agréable ; c'est en user avec lui comme l'économe fidèle qui placerait à un haut intérêt le dépôt oisif qu'on lui aurait confié (...) Il y en a (...) qui disent qu'on ne s'ennuie presque jamais d'espérer, et qu'il est rare qu'on ne s'ennuie pas d'avoir. Je réponds moi, qu'on espère toujours avec quelque peine, et qu'on ne jouit jamais sans quelque plaisir. Et puis la vie s'échappe ; la sagacité des hommes a donné au temps une voix qui les avertit de sa fuite sourde et légère ; mais à quoi bon l'heure sonne-t-elle, si ce n'est jamais l'heure du plaisir. Venez, mon amie ; venez que je vous embrasse. Venez et que tous vos instants et tous les miens soient marqués par notre tendresse ; que votre pendule et la mienne battent toujours la minute où je vous aime et que la longue nuit qui nous attend soit au moins précédée de quelques beaux jours(...).
(Denis à Sophie, 18 octobre 1760).

L'absence est différemment vécue par les hommes et par les femmes. Dans sa lettre du 18 octobre 1760 (encadré ci-contre), Diderot s'attache à montrer ces différences et à mettre en avant sa sensibilité. Le désir s'accroît avec l'absence et il est doux de « faire attendre le bonheur ». Mais, précise-t-il, si l'on ne s'ennuie jamais d'espérer (il parle à Sophie), il est rare que l'on s'ennuie de posséder. Il témoigne de l'empressement masculin qui « espère toujours avec quelque peine » mais « ne jouit jamais sans quelque plaisir ». Il l'assure de toutes ses attentions, mais se révolte tendrement : « à quoi bon… si ce n'est jamais l'heure du plaisir. Venez, mon amie, venez que je vous embrasse… » Cette opposition entre attente et désir de possession, qui ne peut bien entendu résumer la dualité féminin/masculin, se retrouve au fil des lignes de nos lettres d'amour comme dominant le jeu de la séduction. Diderot sera très moderne en proposant à Sophie de synchroniser leurs désirs, mais encore très masculin en précisant que ce soit plutôt à son rythme : « que votre pendule et la mienne battent toujours la minute où je vous aime… »

Hommes et femmes sont condamnés à s'entendre, c'est-à-dire à se comprendre, à prendre conscience de la sensibilité et de la perception de l'autre, mais surtout de leurs différences, lorsqu'ils utilisent les mêmes mots pour dire des réalités différentes.

La lettre des femmes

L'absence crée un vide que la sensibilité féminine emplit plus facilement du sentiment
amoureux. L'imagination est au travail pour
construire la présence autant que, chez l'homme,
le vécu d'abandon semble envahir la pensée. Marguerite de Vallois, la reine Margot, formule,
quoique avec beaucoup de prétention, le lien fort
qui unit absence et désir dans l'imaginaire féminin : « L'absence, la contrainte donnent à mon
amour autant d'accroissement qu'à une âme faible
et enflammée d'une flamme vulgaire il apporte-
rait de diminution » (*Lettre à Chamvallon, 1582*).
Pauline Bonaparte qui se languit du comte de Forbin parle cependant de la jouissance que lui
procure le sentiment de l'absence : « Ni les
ouvrages, ni les distractions ne peuvent te remplacer un instant, même dans mon souvenir (...)
Que cette solitude me plaira quand tu seras là ! Que
ne peut-elle durer toujours, mais nous ne nous
séparerons jamais, jamais ! » (*10 juin 1806*).

La distinction est très claire, pour une femme,
entre absence et séparation, mais s'il est des
absences qui sont pleines en pensée de l'être aimé,
il en est aussi qui sont douloureuses aux femmes
amoureuses : « Quelques déplaisirs que votre
absence me donne, je ne voudrais pas que mon
malheur ne la fît encore durer aujourd'hui »

(*Marie-Catherine à Antoine, lettre XLVI*). Elles semblent cependant mieux capables que les hommes d'imaginer, d'investir et de vivre quelque chose qui leur manque. Joséphine de Forget vit ainsi difficilement l'absence de son cousin et amant, Delacroix, mais laisse son imagination le rejoindre en pensée, l'accompagner dans ses promenades quotidiennes : « Je voudrais être cachée quelquefois dans les bosquets de La Châtre et pouvoir nous promener ensemble » (*Joséphine à Eugène, juillet 1843*). L'imagination est encore à l'œuvre pour abolir l'espace et le temps lorsqu'elle lui dit vouloir s'installer chez lui « dans un tout petit coin, où je travaillerais sans souffler un mot ».

La présence imaginaire auprès de l'amant apparaît comme un puissant antidote à l'absence qui semble plutôt caractériser la pensée féminine. La lettre est alors le dernier lien avec l'être aimé, comme une continuité de la pensée qui atteste de sa présence : « Il y a deux mois que rien de vous ne m'est arrivé ; il y a deux ans que je ne vous ai vu. Vous souvenez-vous quand vous prétendiez que nous ne serions pas séparés ? (...) Avec qui puis-je parler et me conserverai-je moi-même ? » (*Germaine à Benjamin, 20 mai 1813*). « Tu es un méchant, mon petit ange, tu es arrivé le 12 et tu ne m'as écrit que le 19, j'étais dans une inquiétude mortelle » (*George à Alfred, Venise le 29 avril 1834*). « Mon chéri. À peine arrivée à Paris, j'ai bondi du train dans un taxi et du taxi je me suis ruée vers l'escalier – pas de lettre, hélas » (*Simone à Nelson, 29 mai 1947*).

L'absence peut être comblée par la lettre, mais l'absence de lettre est une souffrance qui doit être réparée. Écris-moi, réponds-moi, disent en cœur Mélanie, Julie et Rachel : « Réponds à mes trois dernières lettres, je t'en prie. J'ai besoin que tu me tranquillises ! » (*Mélanie à Henri, 2 juin 1806*). « Mon Dieu ! que vous troublez ma vie ! vous me faites éprouver dans l'espace d'un jour les dispositions les plus contraires : je suis à la fois entraînée par le mouvement le plus passionné, et puis glacée par l'idée que vous ne me répondez pas » (*Julie à Hippolyte, 1774*). « S'il vous restait par hasard un reste d'amitié pour moi, faites-moi réponse à ma lettre » (*Rachel à X, juin 1840*).

Delphine de Custine témoigne de son amour et de sa souffrance à mesure de l'éloignement de Chateaubriand. L'imaginaire occupe alors toute la place de l'absent : « Je ne puis dormir, tes caresses me brûlent. Si je m'endors un moment, je me crois dans tes bras. Je te crois près de moi ! et il me semble surtout que tu m'aimes et ne veux plus me quitter (...). Si tu cesses de m'aimer, *même comme tu m'aimes*, jamais je ne pourrais supporter la vie, je mourrais de douleur » (*août 1805*). « Il faut t'écrire pour ne pas étouffer de tristesse et d'ennui ! (...) Ma vie est la même, vous seul êtes absent et tout est détruit pour moi » (*10 avril 1806*).

Madame de Staël souffre toujours de l'éloignement de Benjamin Constant : « Vous êtes dans une partie de mon cœur qui est fermée à tout jamais. Je souffre là toujours à travers tout. Je suis morte et vivante là... (...) Se peut-il qu'un désespoir tel que le mien ne vous ait pas arrêté, non vous êtes coupable... » (*20 mai 1813*). Et Julie de Lespinasse de l'absence de Guibert, absence qui la confronte à la mort : « Mon ami, avec vous je n'aurais pas pu mourir, sans vous je ne peux ni ne veux vivre. Ah si vous saviez ce que je souffre, quel déchirement mon cœur éprouve lorsque je suis abandonnée à moi-même, lorsque votre présence ou votre pensée ne me soutient plus » (*1774*).

L'amour devient synonyme de vie et l'absence d'amour, synonyme de mort. Marie Dorval souffre douloureusement de sa rupture avec Vigny : « Je ne sais que vous dire, sinon que je ferai de ma vie ce que vous voudrez (...) Je ne sais plus que vous dire, Alfred, je suis écrasée, je pleure en vous écrivant et en vous disant adieu » (*Marie à Alfred, 1838*). Louise de Condé lance ce cri de douleur au jeune marquis de la Gervaisais, dont elle fut éperdument amoureuse mais qui ne sera jamais son amant car elle rompit cette relation épistolaire pour prendre le voile : « Adieu, adieu mon ami ; votre réponse terminera notre correspondance, il le faut : si vous saviez combien j'ai désiré de mourir depuis que je vous ai écrit » (*Samedi soir, slnd*).

Léontine de Caillavet supplie, elle aussi, Anatole France de prendre la mesure de son amour et de sa souffrance : « Et à présent que me voici devenue trop matérielle, trop terrestre, tu te plains de n'être plus que ma distraction, une petite amourette (…) tu ne sais donc pas que j'ai songé à me tuer et cela plus d'une fois ? (…) tu ne sais donc rien de mes transes, de mes angoisses, de mes désespoirs ? » (*25 septembre 1889*).

Mais c'est encore Madame de Staël dans une lettre au comte de Ribbing dont elle vient de se séparer, qui montre par cette fiction de la « machine écrivante » l'importance et la valeur morale de la lettre d'amour pour la femme qui la reçoit : « Peux-tu être assez ridiculement fou pour me demander de ne pas transformer mon ami en *machine écrivante*? Je t'abandonne bien toute cette littérature qui me distingue et je consens qu'Achille ne soit point Homère. Mais est-il une machine quand il écrit à son amie ? Mais est-ce un supplice pour lui de consacrer deux heures par semaine à lui éviter une grande peine, à lui donner un suprême bonheur » (*Germaine à Adolphe, 30 novembre 1794*).

104

La lettre est nécessaire à la femme amoureuse, elle est une présence de l'être aimé à part entière.

EXPRIMER LE DÉSIR

La distance imposée, ou permise, par la lettre autorise les demandes et déclarations qui ne pourraient se faire dans l'émotion du face à face : « Oui, c'est vrai, avoue Gérard de Nerval à Jenny Colon, j'ai voulu vous le cacher en vain, je vous désire autant que je vous aime » (*Lettre IX*).

Stendhal se permet ainsi les tournures les plus audacieuses : « Trouveriez-vous inconvenant que j'osasse vous demander la permission de vous voir un quart d'heure, une de ces soirées ? » (*Henri à Matilde, 3 janvier 1821*).

Musset, quant à lui, est très respectueux dans les premiers jours de sa rencontre avec George Sand : « Madame Sand, votre aimable lettre a fait bien plaisir à une espèce d'idiot entortillé dans la flanelle (...) Que vous ayez le plus tôt possible la fantaisie de perdre une soirée avec lui, c'est ce qu'il vous demande surtout » (*juillet 1833*).

L'amant le plus timide, le plus respectueux, veut savoir si son amour est partagé et, pour cela, il doit se déclarer, dire son désir à la femme qu'il aime, désir de tendresse, désir de vie. La lettre est alors un intermédiaire précieux qui met, pour un instant, l'émotion à distance et laisse du temps à la réflexion. Cette déclaration à l'absent permet un discours absolu et des formules définitives : « Durant notre promenade au cimetière, je vous ai dit, alors que des larmes amères me montaient aux yeux : "Helen, j'aime aujourd'hui – aujourd'hui – pour la première et unique fois" » (*Edgar à Helen, 1er octobre 1848*). « Vous êtes la première femme que j'aime et je suis peut-être le premier homme qui vous aime à ce point » (*Gérard à Jenny, lettre IX*) ; «... je vous aime et vous aimerai toujours. Je ne changerai jamais » (*François à Jeanne, 1er avril 1822*). « Va, chère amie, jamais, jamais personne au monde ne t'a aimé et ne t'aimera plus que moi » (*Talma à Pauline, 30 septembre 1812*). « J'ai voulu vous écrire, quoique pourtant je sois peu partisan des écritures ; on s'en repent presque toujours. Mais je ne risque rien, puisque mon parti est pris de me donner à vous pour toujours » (*Charles à Marie, slnd*).

Selon l'intention, la déclaration se fait amicale, familière, intimiste : «... j'irai la semaine prochaine vous répéter, chère Madame, que *je vous aime* et recevoir le baiser promis » (*Flaubert à une dame, Croisset le 2 mai*). « J'assiste dans ce moment-ci à un combat singulier entre mon encrier et ma cervelle, ce qui est une triste consolation. (...) Ce n'est pas que je me cache d'être à moitié fou mais c'est que j'ai tout de l'être. Êtes-vous jamais tombée amoureuse au mois d'avril ? alors vous me pardonnerez » (*Alfred de Musset à Mme Jaubert, 14 avril 1835*). « Chère, depuis le moment où j'ai reçu votre Regard, je comprends la nécessité dans laquelle est née l'Harmonie vers l'éternité. Cette lettre – *seulement* pour toi » (*Martin à Dina, 4 mai 1951*).

La déclaration devient plus subtile lorsqu'elle est adressée à une femme distante, car c'est pour mieux la toucher. Maupassant écrit ainsi à la comtesse Potocka dont il est le confident et le directeur de conscience : «... je ne vous ai jamais fait la cour, je ne vous ai jamais rien demandé. Je n'ai jamais cherché à obtenir de vous la plus légère faveur. Je ne vous ai jamais fait un mensonge sentimental (...) En Auvergne j'ai failli être amoureux de vous. Je l'ai même été. Mais j'ai vaincu cela. (...) Je ne dis pas que je vous ai aimée. Je dis que j'ai été atteint, comme d'autres, par votre pouvoir » (*mars 1889*).

La demande peut encore être plus directe, l'homme exprime son amour, mais parle du corps aimé et du désir physique. Les plus réservés dans l'œuvre usent souvent d'un vocabulaire plus cru dans la demande amoureuse. Balzac : « Eh bien, ma chère Eve, laissez-moi abréger votre nom, il vous dira mieux ainsi que vous êtes tout le sexe pour moi, la seule femme qu'il y ait dans le monde ; vous le remplissez à vous seule, comme la première femme pour le premier homme » (*Honoré à Eve, 9 septembre 1833*). « Je veux te gorger de toutes les félicités de la chair, renchérit Flaubert, t'en rendre lasse, t'en faire mourir. Je veux que tu sois étonnée de moi et que tu t'avoues dans l'âme que tu n'avais même pas rêvé de transports pareils » (*Gustave à Louise, 14 août 1846*).

L'impatience est une première constante de la lettre des hommes : « Mais sais-tu ce que c'est que d'attendre un baiser cinq mois ? » (*Alfred à George, 1er septembre 1834*). « Depuis hier soir, je songe à vous, éperdument. Un désir insensé de vous revoir, de vous revoir tout de suite, là, devant moi, est entré soudain dans mon cœur » (*Maupassant à une inconnue, 19 décembre 1887*). « Demain soir, demain soir !, se révolte Benjamin Constant à la fin de sa liaison avec Madame Récamier, qu'est-ce que c'est que ce soir-là ? – Il commencera pour moi à 5 heures du matin – Demain, c'est aujourd'hui (...) je serai donc à votre porte à 9 heures – On me dira que vous n'y êtes pas – J'y serai entre dix et onze... » (*3 septembre 1814*).

L'attente est insupportable à l'homme impatient, elle est l'expression du manque et d'un vide semblable à la mort. L'homme amoureux dit l'im-

médiateté de son désir parfois très directement :
« Je te désire éperdument. Je n'en puis plus. Je ne
sais si on me donnera une permission pour Nice
avant longtemps. Il me tarde que tu soies là. Si tu
savais comme j'ai envie de faire l'amour, c'est
inimaginable » (*Gui à Lou, 13 juin 1915*) ; «... je
t'embrasse. Je te baise. Je suis fou. Si tu étais là,
je te mordrais. J'en ai envie moi que les femmes
raillent de ma froideur... Oui je me sens maintenant des appétits de bête fauve – des instincts
d'amour carnassier et déchirant – je ne sais pas
si c'est aimer. C'est peut-être le contraire » (*Gustave à Louise, 8 août 1846*). « Je vous aime, je vous
aimerai jusqu'au jour de ma mort. (...) mon cœur
et mon vit vous font les plus tendres compliments »
(*François à Marie-Louise, septembre 1747*).

Plus prosaïquement, la demande en mariage
emprunte aussi le chemin de la lettre pour éviter le
trop plein d'émotion de l'annonce ou la crainte du
refus. Lamartine fit ainsi cette déclaration, très
alambiquée, à Mary Birch avec qui il se mariera un
an plus tard : « J'ose vous supplier, Mademoiselle,
de ne pas juger avec sévérité la démarche à laquelle
la nécessité me force à recourir, et de lire au moins
cette lettre jusqu'au bout (...) Je sais qu'il eût été
plus convenable de commencer par en parler à
d'autres qu'à vous, mais je ressens (...) tant de per-
fections inconnues peut-être à vous-même, pour

ne pas sentir que je serais le plus heureux des hommes d'obtenir votre main et d'unir mes jours et ma destinée à la vôtre » (*14 août 1819*).

Les lettres des femmes sont moins pressantes, la demande n'est pas directe, elles témoignent de la pression masculine et tentent d'apprivoiser un désir qu'elles semblent ne pas toujours comprendre. Dans ses *Lettres et billets galants*, Marie-Catherine Desjardins demande à Antoine de Villedieu d'ouvrir son cœur et d'exprimer plus tendrement ses sentiments car, pour elle, *passion* ne signifie pas seulement *désir* : « Ne me cachez plus les tendresses que vous m'avez promis de me faire paraître. J'ai grand besoin d'être persuadée de votre amour, par vos lettres, par vos discours... » (*Lettre XCI*).

Cette demande féminine de savoir ce que pense l'autre, bien que très légitime, est souvent peu comprise par l'homme désirant qui la ressent comme une mise à distance motivant ses reproches. Villedieu s'éloignera de Marie-Catherine et deviendra son persécuteur puisque, malgré son interdit, il publiera sa correspondance amoureuse quelques années plus tard.

En 1757, les *Lettres de Mistriss Fanny Butlerd* de Marie-Jeanne Riccoboni furent un réel succès de librairie. Elles étaient la vraisemblable

correspondance amoureuse avec Alfred de Maillebois, de Marie-Jeanne de Mézières, femme de
lettres mariée à l'acteur Riccoboni. Dans cet extrait
non daté, Marie-Jeanne analyse très finement son
désir de comprendre les sentiments de son amant :
« ... je bénissais l'inventeur d'un art (l'écriture) qui
l'emporte sur tous les autres, non parce qu'il nous
transmet les actions des héros, l'histoire du monde,
les causes de tout, qu'il satisfait le désir insatiable
d'apprendre et la vaine curiosité des hommes ; mais
parce qu'il me fait lire dans ton cœur malgré la distance qui nous sépare. Que l'amour doit à cette
heureuse découverte ! Quel trésor pour lui que ces
lettres, soulagement d'un cœur et délice de l'autre !
L'on se plaît à les écrire et l'on jouit du plaisir que
l'on sent, et de celui qu'on croit procurer à un
autre. »

Lire dans les pensées est le projet avoué de la
lecture attentive des lettres de l'amant. La femme
amoureuse fait acte de psychologie tout autant
en écrivant qu'en lisant la lettre qui contient les
sentiments qu'elle cherche entre les lignes. Cette
femme amoureuse veut être un révélateur, à
l'homme qu'elle aime, de cette pensée qu'elle
découvre : « Tu ne sais donc pas comme tu es moi,
comme j'existe à présent de toi seul, du besoin
d'être là, de sentir tes mains, tes yeux sur moi... »
(*Marceline Desbordes à Valmore, 1817*).

La femme amoureuse veut comprendre la relation qui l'unit à l'homme, et le lui faire comprendre au-delà du seul désir physique – appelé *amoureux* – qui constitue le discours masculin : « Dites-moi, Monsieur, comment nous pourrons nous voir avant lundi, ne fût-ce que dix minutes ; car partir pour la campagne sans avoir entendu "je t'aime" me paraît un sacrifice au-dessus de mes forces » (*Clémentine à Henri, 20 mai 1824*).

Cette femme dit seulement qu'elle veut savoir la nature de la relation qui l'unit à cet homme avant d'accéder à sa demande. En face du désir charnel masculin se dresse le désir de savoir féminin.

REPRÉSENTER LE CORPS DE L'HOMME

Si, comme nous l'avons déjà évoqué, le corps de l'homme est absent des lettres des femmes, on peut en déduire que l'imaginaire féminin n'a pas besoin de telles représentations pour alimenter sa passion. Il est bien connu que l'image est le mode privilégié d'excitation du désir masculin et la parole celui des femmes. Il est alors mieux compréhensible que les femmes s'approprient les mots et leur valeur sentimentale.

La lettre d'amour, parce qu'elle est d'abord une mise en mots de l'amour, a une dimension charnelle que nous confirment les femmes, elles, qui conservent si fréquemment les lettres sur leur corps ou à proximité. La lettre apparaît dès lors comme un équivalent corporel, un objet transitionnel de la relation, véritable substitut de l'autre absent et surtout substitut du corps masculin absent du discours féminin : « Je me suis levée bien matin aujourd'hui (...) vous auriez ri de me voir (...) j'avais l'air d'une princesse de roman. Votre portrait était sur ma table ; vos lettres toutes éparses dans mon sein, sur mes genoux ; le tiroir renversé, le portefeuille ouvert ; je contemplais toutes mes richesses » (*Marie-Jeanne à Alfred, 1757*). Ce tableau est celui de l'amour, les lettres sont en lieu et place du corps de l'amant. La métaphore est totale.

Henry Miller a pleinement conscience de cette valeur du courrier amoureux, de son rôle transitionnel, de sa fonction de messager lorsqu'il fait cette proposition : « J'aimerais pouvoir me plier et m'expédier à vous sous enveloppe ! » (*Henry à Brenda, 16 juin 1976*). Simone de Beauvoir le confirme en faisant la même proposition : « Nelson, mon bien-aimé, je ne désire rien d'américain sauf vous, si vous ne pouvez vous introduire dans la boîte, envoyez-moi seulement d'autres lettres comme celle-là, je ne souhaite rien de plus » (*Simone à Nelson, 13 juillet 1947*).

Philippe Lejeune fait une remarque équivalente à propos du journal de Jeanne Cruse, au XIXᵉ siècle : « Le premier cahier se termine parce que pour ses vingt et un ans on lui offre un beau livre blanc à serrure ; et ce beau livre se terminera, deux ans plus tard, parce qu'on lui offre un mari, cahier vivant… » Lejeune constate l'équivalence de l'écrit amoureux et du corps de l'être aimé, comme s'il fallait pour les femmes, selon les termes du psychanalyste anglais Darian Leader, « que leur rapport au corps de l'homme soit médiatisé par quelque chose, par des mots… ».

Évelyne Sullerot a été la première à formuler cette particularité des *Écrits féminins* : l'amoureuse n'est pas contemplative de l'objet aimé ou très rarement, elle semble plus préoccupée de son corps à elle que du corps de l'homme. Évelyne Sullerot y voit une évidence au plan symbolique : « Le grand absent, en effet, de ce long chant multiple en huit siècles (d'écrits féminins), c'est bien le phallus. » Symbole de puissance et de fécondité dans l'Antiquité, le phallus est l'élément central du troisième stade freudien de la sexualité du développement. La psychanalyse a bien montré que c'est à partir du stade phallique, c'est-à-dire entre l'âge de quatre et six ans, que la différenciation psychologique entre les sexes se manifeste clairement. Garçons et filles se situent différemment par rapport au fait de disposer ou non de l'organe masculin, en élaborant des fantasmes de puissance ou de castration, de valorisation ou de dévalorisation, de frustration, d'agressivité... Évelyne Sullerot interprète cette absence de corps masculin des écrits féminins comme une conséquence du narcissisme dominateur de l'homme qui se complaît trop « à décrire son propre sexe et ses prouesses ».

De par sa valeur de substitut corporel, que nous allons nous attacher à montrer, et par sa nature langagière, la lettre d'amour peut être un représentant matériel du corps de l'homme au seul usage des femmes qui n'ont pas de représentation de ce corps.

Cette symbolique très forte trouve une première illustration dans l'usage traditionnel de coudre la lettre d'amour dans la doublure du vêtement, au plus près du corps. La lettre fait alors partie de l'espace intime, au même titre que le corps de l'amant dont elle est une part détachée : « Ta chère bonne lettre, je l'ai eue hier, je l'ai mise sur mon cœur pour dormir, j'espérais dormir. Comment ne m'a-t-elle pas guérie ? » (*Marie à Alfred, 28 janvier 1834*). « Ta bonne petite lettre a couché avec moi, elle est restée en *bon lieu* » (*Joséphine à Eugène*).

Pour l'imaginaire féminin, la lettre est une telle preuve de la présence du corps de l'amant que sa seule réalité suffit à exclure le caractère imaginaire de cette présence, comme une totale hallucination : « Oui, chéri, une fois la lettre en mains, sûre une fois de plus que vous étiez un être vivant réel, je me suis reglissée dans mon lit, imaginant un court moment que je dormais dans vos bras, ma joue sur votre épaule, votre chaleur mêlée à la mienne. Vous n'étiez pas là, mais j'ai redormi, tout n'était pas pure imagination » (*Simone à Nelson, 18 février 1950*).

La lettre est une manifestation de l'existence de l'autre, pour la femme qui aime, alors qu'elle est plutôt un signe de l'absence pour l'homme amoureux. Cette capacité à remplir le manque par l'imagination semble caractériser le psychisme féminin, surtout dans ce temps de l'amour : « Mon mari bien aimé, j'ai été si contente en descendant de trouver votre lettre, votre si gentille lettre. C'était comme d'entendre votre chère voix taquine, de voir votre chaud sourire, vous étiez près de moi et nous causions gaiement » (*Simone à Nelson, 4 juin 1947*).

La lettre n'a alors d'importance aux yeux de cette femme qui l'a reçue, que par le lieu où elle se trouve, et non seulement par son contenu. Elle (toi) est au plus près de moi, semble-t-elle dire. Ce qui permet de comprendre la capacité de l'imaginaire féminin à investir le manque créé par l'absence, à se sentir apaisé par la présence des mots quand, cette fonction étant absente de l'imaginaire masculin, le plus grand vide est alors ressenti par un homme.

Si nous avons de nombreux témoignages féminins de ce désir de proximité corporelle avec la lettre d'amour, nous n'avons paradoxalement rien trouvé de semblable dans les lettres des hommes, ce qui semble indiquer que la lettre d'amour remplit une fonction différente pour les uns et pour les autres. On peut encore penser que les femmes attribuent cette forte valeur intime à l'écrit masculin parce qu'il leur parle d'elle-même, parce qu'il les fait exister, elles, dans la célébration de leur corps.

En romancier sensible à la pensée féminine, Balzac semble conscient du caractère charnel de la lettre qui est, selon ses termes, une part de lui-même à laquelle il ne manque plus que la vie : « Mon amour, mon cher amour, je serai près de toi, dans quelques jours, quand tu tiendras ce papier plein d'amour pour toi auquel je voudrais communiquer les battements de mon cœur » (*Honoré à Eve, 1er décembre 1833*).

Si la lettre est faite de chair, l'encre en est le sang et le stylo qui la dépose est encore une part de l'être aimé : « J'attends ta réponse pour cela, puisse-t-elle passer par ta bouche et non par ta plume, puissais-je revoir bientôt ce cher ami qui m'est rendu et que j'aime avec tant de sentiments qui m'étaient inconnus » (*Sophie à Maillia, dixième lettre*).

Puisque la plume et le papier sont les substituts de la bouche et du corps de l'amant, on peut jouer avec la lettre comme avec l'être aimé : « Je tenais ta lettre, ta chère lettre dans ma main, B... s'est approché de mon clavecin pour me dire des douceurs, et, j'avais un plaisir singulier, tandis qu'il me serrait la main et qu'il me débitait ses sornettes, de tenir ton billet de l'autre : il me semblait que c'était toi que je recevais » (*Marie-Élizabeth à Philippe, slnd*).

La lettre suffit pour figurer la présence de l'absent, attisée ici par la relation triangulaire cachée et ce qu'elle permet encore à l'imaginaire féminin : vous ne savez pas avec qui je suis, semble dire Marie-Élizabeth à son mari. Vous me croyez avec vous, je suis avec un autre.

Bien plus qu'un simple ectoplasme, substitut corporel dans l'imaginaire féminin, la lettre apparaît comme un double pourvu de toutes les fonctions du vivant et des qualités de l'être aimé : « Tu m'as rendu la vie ce matin avec ta longue lettre qui parle avec passion, qui m'aime » (*Marie à Alfred, 23 septembre 1836*). La lettre parle, vit, aime, il n'y a aucun doute, elle est le double d'Alfred capable de rendre à la vie Marie Dorval qui se mourrait non de l'absence de Vigny mais de l'absence d'un signe de sa part.

Si, pour les femmes, la lettre d'amour est le vrai substitut du corps de l'amant, elle est souvent personnifiée par les hommes mais sans être autant charnellement investie : « Je m'en vais à Milan, un de ces jours, à la rencontre d'une de vos lettres... » (*Henri à Matilde, 16 novembre 1818*). « Voici ta lettre *lilas*, mon ange, je la remercie et l'embrasse d'abord, mais ensuite je me fâche contre elle dans mon lit et je l'y cache pour l'interrompre et ne plus entendre sa voix » (*Alfred à Augusta, slnd*).

Vecteur du discours amoureux, la lettre est plutôt, pour les hommes, un messager de l'amour, seul lien possible avec l'être absent, mais en rien comparable avec cet être de chair qu'il représente pour la femme aimée : « Si vous voulez me faire confiance, je puis satisfaire et satisferai vos désirs les plus fous (...) je n'ose confier mes projets à cette lettre... » (*Edgar à Helen, 26 novembre 1848*) ; «... et quand je vois ce petit papier qui va faire pour t'aller trouver trois cents lieues que je viens de faire... » (*Alfred à George, 10 mai 1834*). Ce papier, cette lettre, semblent maintenant désincarnés, ils ne sont pour un homme qu'objets, matière et moyen d'atteindre la femme désirée. La lettre est tour à tour charnelle et désincarnée, aimante et indifférente, selon qu'on est femme ou qu'on est homme, que l'on a une sensibilité féminine ou un pragmatisme masculin.

Cette dichotomie n'est en rien une caricature ni une typologie forcée, elle recouvre avec évidence la réalité de perceptions différentes que l'écrit amoureux révèle mieux que tout autre, et qu'il semble difficile de montrer autrement qu'à travers la subjectivité des exemples littéraires. L'autre sexué est autre par culture, peut-être aussi par nature, nous ne pouvons pas en décider.

FIGURER L'ACTE AMOUREUX

La quatrième fonction de la lettre d'amour est de figurer l'acte amoureux. La lettre est le lieu par excellence de la sexualité féminine du fait de l'absence de l'homme, puisqu'il n'y est pas représenté. Darian Leader avance l'hypothèse qu'une part de la sexualité féminine consiste « dans cet effet pour trouver des manières différentes de formuler l'absence de l'homme ». Ceci s'appuie sur des arguments que nous avons déjà évoqués comme celui de l'absence du corps de l'homme dans les lettres féminines qui insistent plutôt sur la passion amoureuse et l'expression des émotions. C'est ce que Leader appelle « le divorce entre la sexualité féminine et la présence physique d'un homme ».

La lettre, porteuse d'émotions et de sentiments, devient alors le lieu de l'amour, l'acte amoureux en lui-même. C'est cette révélation qu'une femme peut se permettre de faire à l'homme aimé : « Je ne distingue plus entre les sensations ; elles sont toutes délicates, exquises, et les plus charnelles s'épurent par la domination de l'esprit (…) et c'est à toi, et à toi seule, que je dois d'avoir découvert ce monde supérieur et éblouissant, que tant de grands cœurs ont cherché à travers les honteuses tentatives de la vie de désordre, sans pouvoir jamais y pénétrer » (*Léon à Léonie, slnd*). Gambetta remercie sa maîtresse de lui avoir permis d'accéder à « ces sommets éblouissants de la passion et de la communion des intelligences », ce monde des sensations partagées à deux, monde secret qui n'appartient qu'à la femme, souvent très loin de l'imaginaire masculin.

« Elle avait parlé de pensées, de sentiments, de penchants, d'*humeurs*, que je connaissais pour être miens mais que j'avais cru être seul à posséder jusqu'à ce moment, imaginant qu'ils n'étaient partagés par aucun être humain » (*Edgar à Helen, 1er octobre 1848*). Edgar Poe tente d'approcher les mystères de la sensibilité féminine pour émouvoir Helen Whitman avec le partage des sentiments.

Il poursuit son propos et met en scène la rencontre de deux êtres sensibles : « Une profonde sympathie prit immédiate possession de mon âme. Je ne puis mieux vous expliquer ce que je ressentais qu'en disant que votre cœur encore inconnu semblait entrer dans ma poitrine, pour y demeurer à jamais, tandis que le mien, pensais-je, était transporté dans la vôtre. Dès cette heure je vous aimai » (*op. cit.*).

Cette description sentimentale de la rencontre amoureuse qui semble toujours nécessaire au vécu féminin peut même lui être suffisante. Ce qui crée un fréquent malentendu. La lettre d'amour, acte spirituel, reste suffisant pour les unes, mais insuffisant pour d'autres : « Autrefois, lorsque vous vouliez m'entraîner dans les jouissances mondaines, vous me visitiez sans cesse par vos lettres » (*Héloïse à Abelard*). Cet acte tant désiré, tant réclamé, se nomme preuve d'amour. Quand elle n'est pas une preuve en elle-même, la lettre exige inlassablement cette certitude des sentiments, vraisemblablement parce qu'une seule réponse ne suffit pas.

Le sentiment féminin de l'amour me semble comme de nature végétale, il doit être sans cesse entretenu, humecté, irrigué, de risque de s'étioler à la différence de la pseudo-certitude masculine d'aimer qui semble n'avoir besoin d'aucune réassurance pour durer. La preuve n'a besoin d'aucun contenu pour être preuve, il suffit qu'elle soit inten-tion : « Vous me direz tant de choses au retour, n'est-ce pas ? Ou, si vous le préférez, vous pouvez m'envoyer une simple feuille blanche ; je saurai lire ce silence d'enchantement » (*Mireille à l'Amant, 1962*).

« Désirez-vous que je vous aime avec toute la fureur, toute la folie, tout l'emportement dont je suis capable, montrez-moi toujours autant d'amour qu'il y en a dans quelques endroits de vos lettres » (*Émilie à Jean-François, 1er septembre 1748*). Émilie du Châtelet analyse cette nécessité de la preuve d'amour pour laisser « des traces profondes dans mon âme ». Madame de Staël fait le même constat : « Il n'y a point de sentiment sans exigence de ce qui tient à lui. J'ai besoin que vous m'aimiez ; toutes les preuves m'en sont néces-saires » (*Germaine à Adolphe, 30 novembre 1794*).

Confronté au désir féminin de savoir s'il aime et comment il aime, Stendhal a beaucoup de dif-ficultés à être vrai avec lui-même et à offrir des preuves de cet amour qu'il professe. C'est Mélanie qui lui en fait le premier reproche : « J'attache ma tranquillité à cet éclaircissement, je te donne les témoignages de la plus vive tendresse, du plus tendre attachement. Je t'en ai même donné des preuves incontestables et à tout cela tu me réponds des lettres vagues, tu me dis que tu m'aimes toujours... » (*Mélanie à Henri, 10 juin 1806*). C'est ensuite Clémentine : « Tu as prétendu m'aimer, Henri, mais où en sont donc les preuves » (*Clémentine à Henri, 4 juillet 1824*). Or c'est à Matilde qu'il répond sans culpabilité : « Il y a une preuve de mon amour bien frappante, c'est la gaucherie dont je suis avec vous, qui me met en colère contre moi-même, et que je ne puis surmonter (...) je vous assure qu'aucune femme ne m'a inspiré ce sentiment depuis longtemps » (*Henri à Matilde, 4 octobre 1818*).

Mélanie, Clémentine et Matilde exigent d'Henri une preuve de son amour pour elles et il feint de comprendre qu'elles lui demandent une marque de son désir au lieu de ses sentiments. Ou bien l'auteur de *De l'amour* ne comprend rien à l'amour, ou bien il est un homme avec une surdité sélective au registre féminin. Dans ce ménage à quatre, on peut prendre conscience de la continuité et de la permanence de la demande d'amour des femmes d'Henri et de la discontinuité de ses réponses qui sont des tentatives d'échappatoires.

L'homme Stendhal est à côté des femmes qu'il veut rencontrer mais qu'il ne rencontre pas. La lettre d'amour est le lieu possible de cette rencontre et le lieu de l'acte amoureux, mais il n'a pas lieu. Il eût fallu pour cela parler et vivre le même langage d'amour, celui des sentiments.

ÊTRE UN LIEU DE PAROLE

Si la lettre semble avant tout destinée à être lue, elle est tout autant une confession et un lieu de parole entre soi et l'absent, parfois soliloque, plus habituellement dialogue, conditionné par la régularité ou l'irrégularité du courrier. Écrire est un prolongement de la parole, une parole avec soi ou avec l'autre en soi, écrire peut ainsi être un soulagement des tensions, l'expression du contenu du refoulement. La lettre à l'aimé permet la confidence intime, l'épanchement sentimental, ou tout simplement le récit anecdotique du quotidien.

Tous témoignent de cette fonction d'apaisement de la lettre d'amour : « Cher ami, ta lettre a été bien douce à mon cœur. Ses souffrances passées s'apaisaient et l'espoir enchanteur leur succédait... » (*Sophie à Maillia, huitième lettre*). « Tu me fais un peu de bien en me disant ta vie de chaque jour... » (*Alfred à Augusta, lettre VII*). « Henri, je ne vous prie plus de rien. Je vous écris encore parce que vous parler me soulage un peu » (*Clémentine à Henri, 4 juillet 1824*).

Dans le soliloque à deux de la relation épistolaire, écrire et parler apparaissent comme synonymes, mais l'assurance du dialogue, et donc de la réponse, est le premier apaisement pour un cœur blessé. Dans cette unique lettre à Estelle, son amour d'adolescence, Berlioz vieillissant fait une demande pathétique qui n'obtiendra aucune réponse : « Accordez-moi donc (...) les trois choses qui peuvent seules me rendre le calme : la permission de vous écrire quelques fois, l'assurance que vous me répondrez et la promesse que vous m'inviterez au moins une fois l'an à venir vous voir » (*Hector à Estelle, 27 septembre 1864*).

Laisse-moi te parler mais surtout réponds-moi et prête attention à mes sentiments, semble dire l'homme ou la femme amoureuse. La lettre est notre lieu de rencontre, d'échange et de confession, elle entretient l'amour, elle maintient la vie. Écrire se confond avec vivre et aimer. Les femmes de lettres ressentent cette similitude de l'amour et de l'écriture : « Je t'écris très mal, oui. Très peu, très vite. Je vis très mal, très peu, très vite... » (*Mireille à l'Amant, 21 mai 1963*). « Ce que j'écris m'est égal, le seul fait de vous écrire est ce qui me plaît, c'est comme si je vous embrassais, quelque chose de physique, je sens mon amour pour vous dans mes doigts qui vous écrivent... » (*Simone à Nelson, 24 juin 1947*).

La lettre est un irremplaçable lieu de parole pour les hommes et les femmes qui s'aiment, différemment de la rencontre physique, mais nécessaire pour la pensée féminine qui a besoin de cet échange des mots à distance.

III

EN FIN DE COMPTES

La lettre d'amour est une lettre à secrets comme le secrétaire, ce meuble inventé pour dissimuler les lettres, est lui-même un meuble à secrets. La lettre d'amour contient le secret des amants, les preuves de leur amour, mais aussi quelques clés de la différence des sexes.

Les cinq fonctions que nous avons dégagées de notre lecture de la lettre d'amour confirment cette différence et complémentarité de la pensée des hommes et des femmes.

Formuler l'absence, c'est la vocation même de la lettre – fût-elle à un être présent. Elle signifie son absence. Cette absence est manque pour les hommes, présence imaginaire pour les femmes. *Exprimer le désir*. La lettre nous peint deux facettes du désir : immédiateté de la présence physique pour les hommes, désir de savoir la nature de la relation pour les femmes. *La lettre représente le corps de l'homme*, les femmes ne s'y trompent pas qui la conservent jalousement près du corps. *Figurer l'acte amoureux* : la lettre est un substitut complet de l'amour pour les femmes, insuffisant pour les hommes. *Être un lieu de parole* qui manque souvent aux femmes dans leur rapport aux hommes. C'est certainement le mode de relation qui convient le mieux à une femme, car, du fait de la distance, il privilégie l'échange des sentiments.

Cette apparente dichotomie ne doit pas être prise à la lettre, mais plutôt considérée comme une forte tendance des hommes et des femmes à se comporter sur ce modèle. Est-il de nature, est-il de culture ?, je ne saurais en décider. Certains seront très proches de ce modèle, d'autres moins, il m'apparaît cependant très utile à notre compréhension de l'autre et de sa pensée différente.

Aujourd'hui, la lettre d'amour évolue, se transforme. Certains ont même pensé qu'elle pouvait être en voie de disparition avec l'avènement de nouveaux moyens de communication, le télécopieur, les téléphones mobiles ou le courrier électronique. Mais tout nous montre qu'elle n'a jamais été aussi vivante. Les amants ont besoin de la lettre pour s'aimer et entretenir le désir. La technicité des humains ne sera jamais qu'au service de leur imaginaire.

IV

BIBLIOGRAPHIE
ET ORIGINE DES CORRESPONDANCES

Plus que pour tout autre ouvrage, cette bibliographie est une invitation à la lecture du monde de l'intime, celui des lettres d'amour. Mention est également faite des sources des correspondances non publiées.

APOLLINAIRE (G.), *Lettres à Lou*, Paris, Gallimard, 1990.

APOLLINAIRE (G.), *Lettre à Madeleine Pagès*, in Frain.

BABELON (J.P.), *Henri IV, Lettres d'amour et écrits politiques*, Paris, Fayard, 1988.

BALZAC (H. de), *Correspondance*, Paris, Garnier, 1967.

BAUDELAIRE (C.), *Correspondance*, Paris, Gallimard, La Pléiade T. 1, 1973.

BAUDELAIRE (C.), *LAS à Marie X.*, in Pillement.

BEAUVOIR (S. de), *Lettres à Nelson Algren, un amour transatlantique* (traduit de l'anglais par Sylvie le Bon de Beauvoir), Paris, Gallimard, 1997.

BERLIOZ (H.), *Lettre à Estelle Fournier*, in Frain.

BONAPARTE (P.), *Correspondance*, in Pillement.

BOURBON-CONDÉ (L.-A. de), *Correspondance*, in Pillement.

BOURSAULT (E.), « Lettres de Babet » in *Lettres d'amour du XVIIe siècle*, Paris, Seuil, 1994.

BRENOT (Ph.) et BRENOT (E.), *Que sont nos lettres d'amour devenues?*, enquête par questionnaires, *Sexologies*, 2000, n°32.

CARREL (S.L.), *Le soliloque de la passion féminine ou le dialogue illusoire*, Paris, éd. J.M. Place, 1982.

Cartes postales autographes (C.P.A.), début XXe siècle (Coll. part.).

Catalogues d'experts en autographes à Paris : Thierry Bodin, Alain Nicolas, Jean-Emmanuel Raux, Michel Castaing, Florence Arnaud,...

Catalogues des Ventes Publiques d'autographes à Paris, Hôtel Drouot Richelieu, par différents experts dont Thierry Bodin et Alain Nicolas de 1989 à 1999.

CHATEAUBRIAND (F. de), *Correspondance*, in Pillement.

CHÂTELET (É. du), *Lettre au duc de Richelieu*, in Pillement.

CHÂTELET (É. du), *Lettres d'amour au marquis de Saint-Lambert*, Paris, éd. Paris-Méditerranée, 1997.

CONDORCET (S. de), *Lettres sur la sympathie*, suivi de *Lettres d'amour*, Montréal, Paris, Étincelle, 1994.

CONSTANT (B.), *Correspondance*, in Pillement.

CUSTINE (D. de Sabran), *68 LAS à Chateaubriand*, nov. 1804 - mai 1810.

D'ALEMBERT (J. le ROND), *Aux Mânes de Mlle de Lespinasse*, manuscrit autographe, 22 juillet 1776, vente publique, Hôtel Drouot, Paris, 19 juin 1996, *Exp. Th. Bodin*).

D'ANNUNZIO (G.), *LAS à Barbara Leoni*, vente publique, Hôtel Drouot, Paris, 6 déc. 1995, (Coll. D. Sickles, *Exp. Th. Bodin*).

DEFFAND (M.), *Correspondance*, in Pillement.

DELACROIX (E.), *Correspondance*, Paris, Séguier, 1989.

DESBORDES-VALMORE (M.), *Correspondance*, in Pillement.

DESJARDINS (M.C.), « Lettres et billets galants », *in Lettres d'amour du XVIIe siècle*, Paris, Seuil, 1994.

DIDEROT (D.), *Lettres à Sophie Volland*, Paris, Gallimard, 1994.

DORAT (C.J.), *Les sacrifices de l'amour : Lettres de la Vicomtesse de Sennauges et du chevalier de Versenai*, Paris, Gallimard, 1995.

DORVAL (M.), *Correspondance*, 5 LAS à Alfred de Vigny, vente publique, Hôtel Drouot, Paris, 23 avril 1993, (Coll. D. Sickles, *Exp. Th. Bodin*).

DROUET (J.), *Mille et une lettres d'amour*, Paris, Gallimard, 1951.

DUCHENE (R.), *Madame de Sévigné et la lettre d'amour*, Paris, Klincksieck, 1992.

ESTRÉES (G. d'), *LAS à Henri IV*, in Pillement.

FABRE D'ÉGLANTINE (P.), *Correspondance avec Marie-Élizabeth Joly*, in Pillement.

FLAUBERT (G.), *Correspondance*, Paris, Gallimard, La Pléiade, 1994.

FLAUBERT (G.), *LAS à Jeanne de Tourbet*, vente publique, Hôtel Drouot, Paris, 27-28 juin 1995, (*Exp. Th. Bodin*).

FORGET (J. de), *Correspondance à Eugène Delacroix*, 53 LA ou LAS, vente publique, Hôtel Drouot, Paris, 13 novembre (*Exp. Th. Bodin*).

FRAIN (I.), *Les plus belles lettres d'amour*, Montréal, éd. l'Archipel, 1999.

FRANCE (A.), *Lettres intimes*, Paris, Nizet, 1989.

GENLIS (C.S.), *Dernières lettres d'amour : correspondance inédite de la Comtesse de Genlis et du Comte Anatole de Montesquiou*, Paris, Grasset, 1954.

GRÉVILLE (L.), *Billet amoureux* (Coll. part.).

GRIMOD DE LA REYNIÈRE (A.B.L.), *LAS à Mme Feuchère*, Vente publique, Hotel Ambassador, Paris, 18 novembre 1996 *(Exp. Th. Bodin)*.

GUILLERAGUES (G. de L. sieur de), *Lettres portugaises*, Paris, Gallimard, 1990.

HAMILTON (I.), *L'écriture et le reste, À la recherche de J.D. Salinger*, Paris, Payot, 1988.

HEIDEGGER (M.), *LAS inédite à Dina Vierny*, vente publique, Hôtel Drouot, Paris, 1998.

HENRI IV, *Correspondance à la Duchesse de Beaufort*, in Pillement.

HUGO (V.), *Correspondance à Léonie Briard*, 27 LAS, (ancienne coll. Meurice, puis A. de Rothschild), vente publique, Hôtel Drouot, Paris, 28-29 novembre 1989 (Coll. D. Sickles, *Exp. Th. Bodin*).

LAMARTINE (A. de), *Le manuscrit de ma mère*, Paris, 1871, cité par Lejeune.

LAURENCIN (M.), *CPA slnd* (Coll. part.).

LEADER (D.), *Why do women write more letters than they post ?*, London, Faber and Faber, et *À quoi penses-tu ? Les incertitudes de l'amour*, Paris, Odile Jacob, 1995.

LEJEUNE (Ph.), *Le moi des demoiselles, enquête sur le journal de jeune fille*, Paris, éd. du Seuil, 1993.

LESPINASSE (J. de), *Correspondance à M. de Guibert*, in Pillement.

LISZT (F.), *Correspondance*, Paris, J.C. Lattès, 1987.

MAUPASSANT (G. de), *Correspondance inédite à la Comtesse Potocka*, 110 LAS, vente publique, Hôtel Drouot, Paris, 2 décembre 1993 (*Exp. Alain Nicolas*).

MAUPASSANT (G. de), *Lettre à Mme X.*, in Frain.

MILLER (H.), *Lettres d'amour à Brenda Venus*, Paris, Presses de la Renaissance, 1986.

MIRABEAU (H.G. Riqueti, Comte de), *Lettres d'amour*, Plan-de-la-Tour, éd. d'Aujourd'hui, 1981.

MONTESQUIEU (C. de Secondat, baron de La Brède et de), *LA à la Duchesse d'Aiguillon*, vente publique, Hôtel Drouot, Paris.

MOYNE (A.), *Le Carnet d'adresses*, Paris, l'Harmattan, 1989.

NERVAL (G. de), *Aurélia ou le rêve et la vie, Lettre d'amour*, Paris, Minard, 1965 (les lettres de Nerval sont numérotées dans le texte en référence à cette édition).

NICOLAS (A.), *Les Autographes*, Paris, Maisonneuve et Larose, 1988.

PERSHING (J.J.), *LAS à Micheline Resco*, vente publique, Hôtel Drouot, Paris, 27 mars 1996 (*Exp., Th. Bodin*).

PILLEMENT (G.), *Anthologie des lettres d'amour*, Paris, Le Bélier, 1956.

POE E. (A.), *Lettres d'amour*, le Castor Astral, 1995.

PROUST (M.), *LAS à Laure Hayman*, vente publique, Hôtel Drouot, Paris, 20 juin 1996 (*Exp., Th. Bodin*).

RACHEL, *Lettre à M.X.*, in Pillement.

RICCOBONI (M.-J.), *Les lettres de Mistriss Fanny Butlerd*, Paris, 1757.

ROHOU (J.), Post face à *Lettres d'amour du XVIIᵉ siècle*, Paris, Seuil, 1994.

ROLAND (M.), *Correspondance*, in Pillement.

ROUSSEAU (J.-J.), *Lettre à Mlle La Bussière*, in Pillement.

SADE (D.A.F comte de), *Correspondance à Mlle de Lauris*, in Pillement.

SAND (G.)et MUSSET (A. de), *Lettres d'amour*, Paris, Hermann, 1985.

SCHWOB (M.), *Correspondance inédite*, Paris, Droz, 1985.

SORGUE (M.), *Lettres à l'amant*, Paris, A. Michel, 1984.

STAËL (G. de), *Correspondance*, in Pillement.

STAËL (G. de), *Lettre au Comte Adolphe Ribbing*, in Frain.

STENDHAL, *De l'Amour*, Paris, Flammarion, 1965.

STENDHAL, *Lettres d'amour*, Seyssel, Champ Vallon, 1993.

SULLEROT (É.), *Histoire et mythologie de l'amour, huit siècles d'écrits féminins*, Paris, Hachette, 1974.

TALMA (J.), *Correspondance*, in Pillement.

TRISTAN L'HERMITE, *LAS à Célinde*, in Pillement.

VALÉRY (P.), *Deux billets amoureux à Madame X* (coll. part.).

VALÉRY (P.), *LAS inédite à Catherine Pozzi*, vente publique, Hôtel Drouot, Paris, 14 juin 1999 (*Exp. Th. Bodin*).

VALLOIS (M. de), *Correspondance*, in Pillement.

VIGNY (A. de), *LA à Anna Witherington*, vente publique, Hôtel Drouot, Paris, 14-16 avril 1997 (*Exp. Th. Bodin*).

VIGNY (A. de), *Lettres d'un dernier amour: correspondance inédite avec «Augusta»*, Genève, éd. Droz, 1952 (les références sont faites à cette édition).

VOLTAIRE, *Lettres d'amour à sa nièce*, Paris, éd. Plon, 1957 (les références sont faites à cette édition).

V

LE PRÉNOM DES AMANTS

Alfred à Anna : Alfred de Vigny à Anna Witherington

Alfred à Augusta : Alfred de Vigny à Augusta Bouvard

Alfred à George : Alfred de Musset à George Sand

Alfred à Marie : Alfred de Musset à Marie Dorval

Alphonse à Mary : Alphonse de Lamartine à Mary Anne Birch

Benjamin à Juliette : Benjamin Constant à Juliette Récamier

Catherine à Paul : Catherine Pozzi à Paul Valéry

Charles à Apollonie : Charles Baudelaire à Apollonie Sabatier

Charles à Marie : Charles Baudelaire à Marie X

Clémentine à Henri : Clémentine Beugnot à Henri Beyle (Stendhal).

Delphine à François : Delphine de Custine à François-René de Chateaubriand

Denis à Sophie : Denis Diderot à Sophie Volland

Donatien à Laure : Donatien-Alphonse-François de Sade à Laure de Lauris

Edgar à Helen : Edgar Allan Poe à Sarah Helen Whitman

Edgar à Louise : Edgar Allan Poe à Marie-Louise Shew

Edgar à Sarah : Edgar Allan Poe à Sarah Helen Whitman

Émilie à Jean-François : Émilie du Châtelet à Jean-François de Saint-Lambert

Eugène à Joséphine : Eugène Delacroix à Joséphine Forget

François à Delphine : François-René de Chateaubriand à Delphine de Custine

François à Juliette : François-René de Chateaubriand à Juliette Récamier

François à Marie-Louise : François-Marie Arouet (Voltaire) à Marie-Louise Denis

Franz à Marie : Franz Liszt à Marie d'Agoult

Gabriele à Barbara : Gabriele d'Annunzio à Barbara Leoni

Gabrielle à Henri : Gabrielle d'Estrées à Henri IV

George à Alfred : George Sand à Alfred de Musset

Gérard à Jenny : Gérard de Nerval à Jenny Colon

Germaine à Adolphe : Germaine de Staël au comte Adolphe Ribbing

Germaine à Benjamin : Germaine de Staël à Benjamin Constant

Germaine à Pedro : Germaine de Staël à Pedro de Souzo e Holstein

Gui à Lou : Guillaume Apollinaire à Louise de Coligny-Châtillon

Gui à Madeleine : Guillaume Apollinaire à Madeleine Pagès

Gustave à Jeanne : Gustave Flaubert à Jeanne de Tourbet

Gustave à Louise : Gustave Flaubert à Louise Colet

Hector à Estelle : Hector Berlioz à Estelle, son amour de jeunesse.

Héloïse à Abélard : Héloïse à Pierre Abélard

Henri à B.: Henri IV à la duchesse de Beaufort

Henri à Gabrielle : Henri IV à Gabrielle d'Estrées

Henri à Henriette : Henri IV à Henriette d'Entragues, marquise de Verneuil

Henri à Alexandrine : Henri Beyle (Stendhal) à la comtesse Alexandrine Daru

Henri à Angeline : Henri Beyle (Stendhal) à Angeline Bereyter

Henri à Clémentine : Henri Beyle (Stendhal) à Clémentine Beugnot

Henri à Giulia : Henri Beyle (Stendhal) à Giulia Rinieri de'
  Rocchi
Henri à Matilde : Henri Beyle (Stendhal) à Matilde Viscon-
  tini
Henri à Mélanie : Henri Beyle (Stendhal) à Mélanie Guilbert
Henry à Brenda : Henry Miller à Brenda Venus.
Honoré à Eve : Honoré de Balzac à Eve Hanska
Honoré à Laure : Honoré de Balzac à Laure de Berny
Jean à Julie : Jean le Rond D'Alembert à Julie de Lespinasse
Jean-Jacques à Mlle B.: Jean-Jacques Rousseau à Mademoi-
  selle La Bussière
Joséphine à Eugène : Joséphine de Forget à Eugène Delacroix
Julie à Benjamin : Julie Talma à Benjamin Constant
Julie à Hippolyte : Julie de Lespinasse à Hippolyte de Gui-
  bert
Juliette à Victor : Juliette Drouet à Victor Hugo
Léon à Jeanne : Léon Bloy à Jeanne Molbech
Léon à Léonie : Léon Gambetta à Léonie Léon
Léontine à Anatole : Léontine Arman de Caillavet à Anatole
  France
Louise à Gustave : Louise Colet à Gustave Flaubert
Marcel à Laure : Marcel Proust à Laure Hayman
Marcel à Marguerite : Marcel Schwob à Marguerite Moreno
Marie à Alfred : Marie Dorval à Alfred de Vigny
Marie à Franz : Marie d'Agoult à Franz Liszt
Marie à Roland : Marie Philipon à Roland de la Platière
Marie-Catherine à Antoine : Marie-Catherine Desjardins à
  Antoine de Villedieu
Marie-Élizabeth à Philippe : Marie-Élizabeth Joly à Philippe
  Fabre d'Églantine
Marie-Jeanne à Alfred : Marie-Jeanne Riccoboni à Alfred de
  Maillebois
Martin à Dina : Martin Heidegger à Dina Vierny
Mélanie à Henri : Mélanie Guilbert à Henri Beyle (Stendhal)

Mireille à l'Amant : Mireille Sorgue à l'Amant
Napoléon à Joséphine : Napoléon Bonaparte à Joséphine de
    Beauharnais
Philippe à Marie-Élizabeth : Philippe Fabre d'Églantine à
    Marie-Élizabeth Joly
Simone à Nelson : Simone de Beauvoir à Nelson Algren
Sophie à Maillia : Sophie de Condorcet à Maillia Garat
Talma à Pauline : Talma à Pauline Bonaparte
Victor à Adèle : Victor Hugo à Adèle Foucher
Victor à Juliette : Victor Hugo à Juliette Drouet
Victor à Léonie : Victor Hugo à Léonie Biard

TABLE

Collection GRAIN D'ORAGE

Dominique NOGUEZ, *Cadeaux de Noël.*
Thierry PAQUOT, *l'Art de la sieste.*
Daniel PERCHERON, *l'Air de Paris.*
Georges PEREC, *Perec/rinations.*
Georges PEREC, *Jeux intéressants.*
Georges PEREC, *Nouveaux Jeux intéressants.*
Christian PRIGENT, *Berlin deux temps trois mouvements.*
Anne POURRILLOU-JOURNIAC, *la Lorgnette.*
Alina REYES, *Corps de femme.*
Hugues ROYER, *Mille et Une Raisons de rompre.*
Robert SCIPION, *Mots croisés.*
Jean-Luc STEINMETZ, *les Femmes de Rimbaud.*
Pascal VERCKEN, *Sur la Nationale 7.*
Éric WAGNER, *Profession auto-stoppeur.*
Cécile WAJSBROT, *Pour la littérature.*
COLLECTIF, *les Romans et les Jours.*

Cet ouvrage a été composé en Bodoni corps 11
par les Ateliers Graphiques de l'Ardoisière
à Bègles.
Il a été reproduit et achevé d'imprimer
par l'Imprimerie Floch à Mayenne
le 10 mai 2000
pour le compte des éditions Zulma
32380 Cadeilhan.

Dépôt légal : mai 2000
N° d'édition : 097 - N° d'impression : 48756
ISBN : 2-84304-097-3
Imprimé en France